シリーズ
あしたへ伝えたいこと

文化をつくる

片岡 輝 著
Hikaru Kataoka

子どもの文化研究所

文化は人と人、心と心の
触れ合いと葛藤を母胎に
生成練磨され、あまたの
発想・体験を包含・止揚した

人間性の拡張態として絶えず
更新される豊潤な実を結び、
未来へと歴史を導いてゆく

片岡　輝

目次

表紙画　おかのけいこ

第1章

歩んだ道を語る

聞き手：潟見英明（かたみひであき）
人形劇の図書館を中心に活動・人形劇の演じ手／人形劇作家

満州で生まれ、6年生まで満州で育つ

潟見　片岡先生は、満州でお生まれになったそうですね。

片岡　大連で生まれました。大連は、日本が満州へ進出していくときの一番最初の入口という位置にあったのです。

潟見　今の人はわからないと思うのですけれども、その時の満州というのは、日本が傀儡政権をつくらせていた時代ですね。大連は日本に一番近い港。

片岡　そうですね。大連という街には、日本人がたくさんいましたから、「中国人の中で」という記憶はあまりありませんね。大連はほとんど、日本の植民地のような感じでしたからね。

図1　中国の地図

「泥棒市場」という蚤の市があって、そこで満州人との触れ合いがありました。けれども、ほとんど日本の植民地でしたから、中国語を使わなければならないという記憶はありませんでした。

でも、中国語は、あそび歌の中に取り入れていたのを今でも覚えています。たとえば、

♪ヤンチョ ライライライ

「ヤンチョ」は人力車ですね。「らいらいらい」は「シータンパイロオ ヂトウルチェン」

北京には、紫禁城、皇城を中心とする内城とその南側に位置する外城がありました。外城には、ほとんど中国人がいて、日本人は関わりがなく、行かない場所なんですけれども、内城の方には、東の単と書いて「東単（トンタン）」、西の単と書いて「西単（シータン）」がありま

図2　北京紫禁城の地図

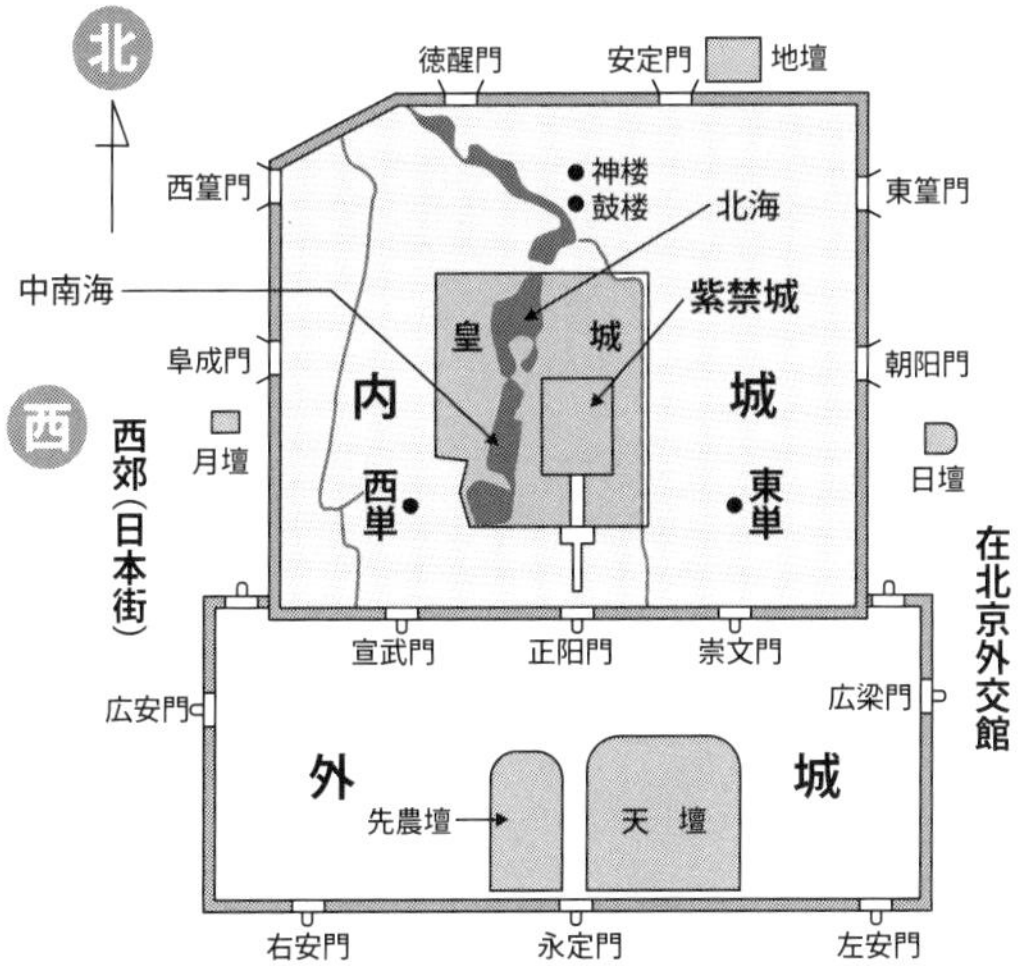

した。外城の方には、東の安と書いて「東安（トンアン）」、西の安と書いて「西安（シーアン）」がありました。これら4つの中心街が盛り場でした。

内城には、お役人や主に満州民族が住んでいて、外城には、主に漢民族、中国人が住んでいたようです。内城、外城それぞれの西と東に西単、東単、東安、西安という大きな盛り場がありました。日本人は、主に内城の西単、東単あたりに住んでいました。

地域に特徴がありまして、特に東単は、官公庁があり、外交官が住んでいる街で、西単はむしろ民間の街という感じでした。日本人が主に住んでいる内城には、東城第一小学校、東城第二小学校、西城第一小学校、西城第二小学校がありました。

私は、ずっと西単と言われる、内城の西の方に住んでいまして、この城壁の外側に新しい街が造られていて、それが西の郊と書いて「西郊（しいこう）」と言いまして、日本人が比較的たくさん住んでいました。

当時、日本軍が支配していますので、治安は、安全で、子どもが一人で行っても安全でした。内城の方に、有名な北の海と書いて「北海（ベイハイ）」、中の南の海と書いて「中南海（チュウナンハイ）」と言って、大きな湖があります。中南海の方は、現在は中国の要人が住んでいます。

潟見　天安門の裏の方にありますよね。

片岡　そこを、市電と言うのでしょうか、電車が　走っていました。

そういうわけで、治安は、日本人が危険を感じることは全くないわけで、支配者のように威張っていました。子どもでも学校が終わってから友だちと遊びに行っていました。

それで思い出しましたが、「蒙古風（もうこかぜ）」というのがあって、蒙古の方から風が吹いてくる季節がありまして、そうすると砂塵が舞うわけです。外出するのに避けた方がいいという天気になることもありました。

それ以外の時は、子ども同士で行っても危険があるということは全くありませんでした。とはいっても、「できるだけ内城で遊ぶようにして。あまり外城にはいかないように」という一つのルールはありました。それでも子どもですから、親にわかると怒られるんですけれども、冒険ということで、友だちと一緒に外城に遊びに行きました。

どちらかというと、外城の方が下町といいますか、京劇の劇場がありまして、友だちと一緒に見に行ったりしました。大人はできるだけ外城には近づくなという感じはありましたが、子どもは別に怖い思いもしないものですから、自由に遊びに行っていました。

潟見　その時の日本人の子どもは、見るからに日本人という格好をしていたのでは？

片岡　はい。

潟見　ということは、外城に行くと目立つわけですよね。

片岡　そうですね。それでも恐くはなかったですよ。

潟見　中国の京劇というのは、劇場の中でも、茶館（ちゃかん　中国の茶と点心を提供する喫茶店）でもやっていたりしていますけれども、街頭でも簡単な舞台を組んで、京劇を外で見るということもあったらしいです。

片岡　街頭でやっているのは見た記憶はないです。外城に劇場があって、主に中国人が見に行くんですけれども、そこに、友だちとのぞきに行ったような記憶があります。

潟見　それは潜り込むわけですね。

片岡　はい。そうですね。

潟見　その時「日本人の子どもが」という目線のようなものもなかったですか。

片岡　もちろん、危険もないわけですし、排除されたという記憶もないですね。

ご両親は、モダンボーイ、モダンガール

編集部　ご両親は、片岡先生がいろいろなものに興味を持つことについて、何もおっしゃらなかったのですか。

片岡　そういう意味で、ああしろ、こうしろとうるさく言われたことはないですね。いろいろな意味で環境に恵まれていたことは事実です。母親は、一切うるさいことは言わないし、叱られた

こともないんです。

一度、小学生の時、二つ下の弟と二人で、母親に泣きながら叱られた記憶はあります。何をして叱られたかは覚えていないんですけれどもね。（笑）その経験があって、母親を泣かしてはいけないことをと憶えていますが、なんで叱られたかは覚えていないんです。（笑）

潟見　お母様はバイオリンをなさっていたと伺いましたが。

片岡　父親と母親は、私が生まれる前の若い頃、北京から1時間ぐらいのところに、天津という港があるんですね。そこに住んだり、北京に住んだりしていたみたいです。その時に、母親もギターを弾いたりしてね、そういう意味では父親と母親は、モダンボーイ、モダンガールだったのかもしれません。ギターやバイオリンを弾くような音楽的才能は、一切受け継いでいませんけれども、本に関しては、どこまで読んでいたかはわかりませんけれども、商社マンだった父親の部屋いっぱいに本棚があって、それを自由に見ていました。記憶に残っている本は、夏目漱石全集と『聖セバスチャンの殉教』で、「セントセバスチャン」ですから「使徒」ですよね。「殉教」ですから矢を射られて死んでしまう絵だったと思うのですけれども、それは性的なものということがあったのかもしれませんが、見てはいけない、でも見ないではいられないということで、『聖セバスチャンの殉教』はよく覚えています。

編集部　先生が育ったご家庭は、今から考えても非常に文化的な環境だったんですね。

片岡　大きな本棚があって、文化的な環境だったと思います。父親は本が好きだったですね。

編集部　お母様から本を読み聞かせてもらったという記憶はありますか。

片岡　弟と一緒に読んでもらった記憶があります。『講談社の絵本』はそろってました。シリーズで取っていたと思います。（講談社の絵本は、1936年12月に創刊。一流の日本画、洋画の画家に依頼。1942年4月に終刊）知識絵本と物語絵本と分かれていて、「自動車」「乗り物」「船」とか、物語では「金太郎」「桃太郎」とか。

潟見　その頃は、今でいう絵本というものはなかったのでしょうか。

片岡　月刊配本の『キンダーブック』とかはありましたね。（『キンダーブック』は、1927年（昭和2年）にフレーベル館から創刊された、日本初の保育絵本）

潟見　『キンダーブック』は、創刊が1927年で、『コドモノクニ』がそれよりちょっと早い1922年創刊ですね。

片岡　僕は1933年生まれですから。

潟見　キンダーブックの少し後にアルス社から「児童文庫」というのが出ますけれども。全76巻の前払いの会員制なんですね。だから普通の家は買えない。それこそ、金持ちでないと買えないような文庫でした。（アルス社は、北原白秋の弟（三男）・北原鐵雄（1887年－1957年）が創業し、1927年（昭和2年）に『日本児童文庫』シリーズが刊行される）

片岡　予約販売のような。

潟見　そうです。

片岡　それも家にありました。60巻ぐらいありました。

潟見　一冊ずつ、全部表紙が違っていて、1927年に販売されているんです。でも、大多数の子どもたちは、そのアルス社の児童文庫を手にすることもなかったような気がします。

片岡　北京に長くいたんですけれども、天津に父親と母親が若いころ住んでいたので、その頃のモボ・モガ（モダンボーイ・モダンガールの略語。当時の最先端なファッションスタイルの若い男女のことを指した）ではないですけれども、母親はギターを弾いたりしていましたし、そういう意味では、都会的で文化的な家庭だったのではなかと思います。母親がギターを弾きながら、♪Row, row, row your boat Gently down the stream と英語で歌ってくれていたのを覚えています。

日本に戻って

潟見　お生まれになったのは、大連で、そこから北京に移られたわけですね。

片岡　大連は、満州国でいえば、日本の一番の入り口で、まずは大連からということになります。大連と新京の間の鉄道が幹線鉄道でした。

潟見　満鉄ですね。ということは、子ども時代に　満州で育ったことや中国本土で育ったことは、今考えられると大きな意味がありますか？特に日本に帰られてきてから。

片岡　それは、子どもなりに、「日本は狭い世界」という印象がありました。

潟見　日本に帰ってこられたのは、おいくつの時でした？

片岡　帰ってきたのは、小学校6年生ぐらいだったと思います。5月で緑が美しいと感じました。

潟見　丁度、一つの区切りになったわけですね。お住まいになったのは、ずっと東京ですか？

片岡　父親の郷里が、九州の久留米でした。そこに祖父も祖母もまだ元気でいました。一度、久留米に帰ってきて、久留米で中学を卒業しましたが、父親が三菱商事の仕事に復帰することになって、東京に出てきて、田園調布に住むことになりました。

潟見　高校、大学と東京で。

片岡　高校は、早稲田の近くにある戸山高校に入りました。

潟見　慶応大学に行かれて。大学は法学部なんですね。今やっていらっしゃる、また、卒業後に就かれる仕事とは違う世界ですが……。

片岡　父親は先ほど言ったように、三菱商事の社員で、彼自身は「三菱書院」という、日本人に中国語を勉強させて、中国で仕事をするための学校で中国語をマスターしたみたいですね。私が法学部に入ったのは、当時の感覚では文学部では社会に出た時、いわゆるつぶしが効かないという理由で、ビジネスマンだった父親が敷いたレールでした。文学部でなくてはならないという確固とした思いもなかったので慶應義塾大学法学部に入りました。その頃、法学部には峯村光郎（みねむらてるお　１９０６年－１９７８年）という法学部長がいて、その先生の授業はおもしろかったですね。

ラジオ東京に入社

潟見　大学を出られて、すぐに就かれた仕事がラジオ局でしたか。

片岡　ええ。当時は就職難で、仕事のない時代でしたから、有楽町にあった日劇のマネージャーの方と父親が知り合いで、その方の紹介でＴＢＳを受けることにしました。当時は、ラジオ東京と言って、テレビがない時代でした。

潟見　具体的には、どのような内容の仕事を？

片岡　ラジオ東京に入社したときは、日比谷の四つ角の大きなビルに本社がありました。今でいう、経団連の上の方にいた坂倉という専務がいまして、その専務がラジオ東京を仕切っていたんですね。まだその頃は、テレビは試験放送をしている時代で、僕はテレビの子ども番組は興味があって、やってみたいなと思っていたんですけれども、当時の主力がラジオだったものですから、ラジオ局に配属され、子どもの番組を作ることになりました。

潟見　すでに試験放送としてテレビ局は存在していた？

片岡　はい、ありました。民放では日本テレビの方が先に試験放送をしていて、そのあとで、東京放送（ＴＢＳ）も始めました。

潟見　いま、「子ども番組を」とおっしゃったけれども、学生時代に何か子どもに関わるようなことはされていたんですか？

片岡　いや、学生時代は特に子どものことはやっていませんでした。

潟見　たとえば、児童文化研究会とか。そういうところで子どもとかかわったということではなかったのですね。

片岡　どちらかというと、私はあまり団体行動が好きではなかったので（笑）。

ラジオ局時代

潟見　ラジオ局に入って、子どものための番組を作ろうと思ったきっかけは。

片岡　苗字が私と同じなんですが、片岡みどりさんという女優さんがいましてね。声優さんですね。彼女と小学生の男の子を親子にするという設定にして、「おかあさんなぜ」という番組を作ったんです。みどりさんがお母さん役で、稲葉君という男の子が息子役で、男の子がお母さんに「なぜ？」と聞いて、それに対して科学、文化、等々、幅広い視点でお母さんが答えるという番組でした。かなり長く続いたんです。15分番組で、その台本を一人で書き、毎週、週一で録音しました。

潟見　その頃は、生放送でしたか？

片岡　いやいや、録音がありました。

潟見　それは録音テープですか？

片岡　その頃はまだテープが主流でした。ネットワークがありまして、ラジオ東京から、毎日新聞系のネットワークを通して全国に配信されていました。

潟見　全国ネットだったんですね。

片岡　ＲＫＢ毎日（福岡）、ＭＢＳ（大阪）、東北は東北放送、北海道はＨＢＣ…全国ネットになっていました。

潟見　時間帯は？

片岡　確か、土曜日の午前中9時から15分だったでしょうか。

潟見　片岡先生は構成台本を書かれていた。

片岡　はい。

潟見　これは、ロングランで続いたんですか。

片岡　かなり長く続いたと思います。

潟見　同時に他の番組もいろいろ作られていたんですよね。
片岡　はい。

和光学園との関わり

片岡　その頃、世田谷にあります和光学園の小学校に、森久保仙太郎（1917-2018）という国語の先生がいて、森久保先生と組んで、15分の「おかあさんなぜ?」という番組をやりました。森久保先生が実際の子どもの疑問や知りたがることをリサーチにして、それを質問にして、台本をつくってお母さんと息子のやり取りをする番組だったんです。
　和光学園は今でも経堂にありまして、その頃、たしかユネスコの研究校でした。民主主義教育を日本に定着させるための実験校みたいな学校でした。
潟見　ユネスコが指定してやっているということですね。近年様々な研究校があるさきがけの学校だったんですね。
片岡　校長先生が丸木政臣（1924-2013）という、日本を代表する教育者で、「世田谷・九条の会」の呼びかけ人でもあり、日教組でも中心的な人でした。
潟見　校長先生ですか。

片岡　のちに、学園長になりました。当時の民主主義教育のリーダー格の先生でした。
潟見　和光学園は、成城学園や玉川学園と並んでこの当時、児童演劇にすごく力を入れていました。公立ではできないような子どもの様々な活動を行っていたということをよく耳にしました。
片岡　玉川学園と和光学園は、直接的なつながりはなかったかもしれませんが、成城学園から独立した私立校として、きょうだい校と呼ぶ人もいました。
潟見　目指しているものがよく似ていたということですね。
片岡　はいそうです。

放送作家として独立

潟見　ラジオからとんでしまいましたけれども、ラジオ東京は何年ぐらい。
片岡　六年いたと思います。
潟見　その間、この「おかあさんなぜ？」は続いたのですか。
片岡　はい、続きました。
潟見　結構長寿番組だったんですね。その後は何を？
片岡　「おかあさんなぜ？」の後も、ディレクターで、台本を書いたりしていたわけです。ＮＨ

Kからも頼まれて台本書くようになって、放送作家の道に入ったのです。そして、フリーになりました。

潟見　放送作家として一本立ちしようという流れだったんですね。

片岡　一本立ちというか、主にそれで収入を得ていました。もともと時間感覚というのでしょうか「だいたいこのぐらいに収まる」という感覚があったもので、NHKから声がかかりました。

潟見　当時のNHKのテレビでしたか、ラジオでしたか。

片岡　NHKもラジオ番組から始まって、テレビを書くようになりました。

潟見　それも子どもに関わるような内容が多かった。

片岡　今でも覚えていますけれども、井上ひさしさん（1934－2010）も放送作家をやっていたので、NHKのロビーみたいなところに机がいくつもあって、そこで彼もよく台本を書いていました。（笑）

潟見　そんなところで台本を書いていたんですか。井上ひさしさんの場合は、「遅筆堂」と名乗るぐらいでしたから、もうすぐ収録が始まるのにそこで台本を書いていたのでしょうね。

片岡　『ひょっこりひょうたん島』の時代です。（『ひょっこりひょうたん島』は、1964年－1969年まで放送された人形劇）

潟見　『ひょっこりひょうたん島』は、たしかスタジオ入ってすぐの102か103スタジオ当

たりの大スタジオでやっていましたからね。井上さんは、その出入り口を出たロビーが丁度よかったのかもしれませんね。（笑）

今は、Eテレ（2010年から使用されているNHKと教育テレビの愛称）と言いますけれども、教育テレビの中で、放送作家として様々なものを作ってこられたんですね。

片岡　はい、そうです。

潟見　たまたま私もその時代に片岡先生の書かれた脚本で人形劇をしていたことになります。

片岡　多分、名古屋テレビの佐藤琢さんというディレクター・プロデューサーと組んで、「地下鉄のドジ」（名古屋テレビ制作の日本の戦国時代を舞台にした人形劇番組）という番組を作りました。当時「地下鉄のザジ」というヒットしたフランス映画があったんです。それのパロディで「地下鉄のドジ」にしたんです。

潟見　はい。あの番組やっている時はすごく楽しくて、こういう視点で台本を書く人がいらっしゃるんだというのは、驚きでした。

片岡　この人形をデザインしたのが、林恭三さん（1939年－）。

潟見　林恭三さんは、名古屋出身のデザイナーで『人形 DOLL』という紙粘土で作ったシンプルにデザイン化された人形の本も出されています。名古屋テレビの佐藤琢さんとは、今もたまにやり取りしています。

片岡　そうですか。

潟見　佐藤さん自身も学生時代から、子どものための活動をされていて、名古屋テレビでも子ども番組をやりたいということで、「こどもワイドショーブンブンバンバン」を作って、その中に人形劇のコーナーがあって、何本目かに片岡先生の「ナコとワニダ」がありました。それが評判を得て、名古屋テレビは思い切って独立した人形劇番組を創ろうということで、子ども向けの総合番組の他に番組枠をとって作ったのが『地下鉄のドジ』。

片岡　そうでしたか。名古屋には新幹線でかよって、ホテルに缶詰めになることもありました。

潟見　2年ほど、先生と一緒に仕事をさせていただきました。

詩作の道へ

潟見　テレビ番組の脚本を書かれていた頃は、並行して詩人としての道もふくらませてこられていたのでしょうか。

片岡　はい。詩は、今から見ると子どもっぽいものですが、中学時代から書き始めて、書き溜めていました。書き溜めていたというか、実は、私が書いた詩を父親が全部、ファイルしていてくれました。それが、厚さ5センチぐらいあったかな。ということで、散逸しなかったんです。

潟見　へえー、そうですか。そのファイルが残っていることは、その時、ご存じだったんですね。
片岡　ええ、知っていました。
潟見　若い時代から詩を書いて、いろいろな仕事をされてきたんですね。片岡先生の経歴を拝見すると、まず最初に「詩人」というワードが出てきます。本格的に詩人という活動を始めたのは？
片岡　思春期の書きなぐりを父親がファイルしていましたが、それは今さら、見たくもないです。(笑)どこにいってしまったかわからないですけれどもね。
潟見　中学以降のものあるのですか。
片岡　多分、あると思いますけど。
潟見　詩人としての片岡先生の詩は、子ども向きの『とんでったバナナ』(作詞　片岡輝　作曲　桜井順)もあれば、合唱曲として使われる『グリーン・グリーン』(RANDY SPARKS , Barry BrianMcguire)などもありますが、詩作の上で、「合唱」というのは、意識されて作られているのでしょうか。
片岡　港区の都立三田高校で合唱を指導されていた平松剛一と、ＮＨＫの後藤田純生というディレクターが、「みんなのうた」や合唱コンクールを担当していて、彼も慶応大学出身で、先輩、後輩の関係で、合唱コンクールの課題曲を作詞しました。
　合唱コンクールの課題曲としてヒットしたのが『ひとつの朝』(作詞　片岡輝　作曲　平吉 毅州)で、そこから合唱詩を書くようになりました。１９７８年の課題曲でした。

潟見　合唱コンクールの課題曲というのは、毎年新しいものを作るのですか？

片岡　そうです。後藤田純生さんが最初に合唱コンクールを企画した人なんで、ＮＨＫから課題曲を詩人に委嘱するという形でした。その中で『ひとつの朝』が人気があったものですから、続けて課題曲の作詞を委嘱されました。

潟見　『ひとつの朝』は、いろいろな合唱団で歌い継がれてきていますね。

片岡　そうですね。

編集部　ほかにも１９８１年の高校の課題曲『わが里程標（マイルストーン）』があります。

片岡　この２曲の作曲者は、平吉毅州（ひらよしたけくに　１９３６ - １９９８）さんです。

潟見　作曲者は、課題曲を選定する側が依頼するのですか。

片岡　平吉さんとは、その前に『さすらいの船路』という男声合唱のための組曲を六大学合唱団の発表オリジナルとして書き、後藤田さんがプロデュースしました。

潟見　そういう流れがあったんですね。ところで、課題曲のテーマというのは、先にあるのですか。

片岡　ＮＨＫの合唱コンクールですので、後藤田さんと相談しながら決めてきました。

潟見　詩集を出されていましたか？

片岡　詩集は今のところは出していません。そのうちという気持ちはありますが。

天安門事件の現場で

片岡　ここに『広場』という合唱曲があるのですけれど、これも平吉さんと一緒に作りました。天安門事件のことを歌った詩です。

潟見　先生は、天安門事件の時に北京にいらっしゃったと聞きましたが。

片岡　１９８９年、天安門で起こった学生たちの反政府運動で弾圧された若い学生たちへの弔いの歌として、『広場』という詩を書きました。

広場

片岡輝　詩

誰もいない広場に
ひなたのぬくもりがあった
たたずむと
静かに語りかけてくる声がある
　「誰一人死を怖れなかった
　生きながら死に続けることを拒み

目をそむけることを恥じた
生命よりも大切なものを
　生命をかけて愛した」

風が走り影が舞う
ここで何が起り
何が起らなかったかを
石畳は決して語らない
あのマシンガンの遠吠えは
キャタピラの地鳴りは
幻聴だったのか

気がつくと
広場にはあふれんばかりの人の群れ
あの時を生みあの時を殺した広場が
笑いとざわめきにわき立っている

突然
天を駆ける雷鳴に
人の群れが蜘蛛の子を散らす

沛然と降り続ける雨に打たれて
広場はただそこに在り
そこに在ることで
時代を証している

（平吉毅《たけくに》州作曲）

潟見　事件の起こったその場にいらっしゃった。

片岡　いいえ、天安門事件の時には、日本人がいたら危険だからということで、大使館から退去命令が出されて、帰国のための特別便を用意して、日本人をみんな送り返したんです。

潟見　その時は、北京には仕事で滞在されていた。

片岡　たまたま、事件が起こる直前まで天安門に居合わせて、危険を感じてホテルにもどり、翌朝、天安門事件が起こったことを知りました。それで、仕事を中断して臨時便で帰国しました。

機上で学生たちへの想いが高まり、涙が止まりませんでした。それから1年ぐらい経って、中国に行ったんですが、その時は、そんな悲劇があって、血が流れたということは政治的にタブーになっていて、それで『広場』という詩を作ったんです。

潟見　まさしく、世界の歴史の現場にいらっしゃったということ。この『広場』という歌も合唱曲になっている。

片岡　はい。

潟見　そうですか。この詩そのものが大きな歴史的、劇的な意味合いを持っているんですね。

『とんでったバナナ』誕生秘話！　子どもの歌のヒットの条件とは

潟見　『とんでったバナナ』というのは、どういうところから生まれたのですか。

片岡　あの歌が誕生したのは、市ケ谷の喫茶店（喫茶室ルノアール）で、ひらめいたというか。（笑）

潟見　それは、課題曲のような、作らねばならないという前提にあったのですか。

片岡　NHKの『おかあさんといっしょ』のディレクターから「歌をつくりませんか」ということで、作り始めました。

潟見　それまでにも子どものための詩というのもたくさん書かれていますね。

片岡　『とんでったバナナ』の作曲は、慶応大学経済学部出身の櫻井順さん（1934－2021）で、私と同期生なんです。実は彼とは、『とんでったバナナ』ができたときに初めて会った（笑）。

潟見　だいたい、名作といわれているものはそういうふうにシンプルな形で誕生しているんですね。

『とんでったバナナ』は、アマチュアの人形劇サークルの人たちがよく演じています。音楽を流して自分たちがそれに合わせて演じるという意味では、みんなが知っている歌ということで、会場と一つになって演じられるレパートリーとしてはいいですね。ただ、やっている内容は、歌詞に合わせて順番に動かしているだけのことなので人形劇と言えるかどうかはわかりませんが、よく目にすることがあります。

片岡　ペープサート的なものですね。この『とんでったバナナ』というのは、コルネイ・チュコフスキー（1882－1962）というロシアの文学者の、『2歳から5歳まで』（2007年　理論社）という分厚い本に子どもに好まれる歌の条件という記載があって、その条件

『2歳から5歳まで』

に『とんでったバナナ』がぴったりとあてはまっているんです。要するに、子どもの好む歌というのは、場面転換、情景がトントン変わっていく、一か所にとどまっていないというのが非常に大きな条件なんですね。

場面の転換がイメージとしてパッと頭に浮かぶ。「バナナがいっぽんありました」と言ったら、バナナが、「あおいみなみのそらのした」と言ったら青い空が、「こどもがふたり」というと子どもがぱっと浮かぶ、というようにイメージが具像化されて、自分の頭の中の絵がぽんぽん展開していく、それが子どもの歌のヒットの条件なんです!

時代と接点を持った詩　―片岡輝の詩作道とは―

潟見　片岡先生の詩作道を伺いたいのですが。

片岡　詩は、漫然と抒情的なものを歌うのだけではなくて、歴史と接点を持っていて、単なる抒情詩ではなく、どちらかと言えば、叙事詩に近いような、ある出来事をうたうような、時代と接点を持った詩を創りたいというのが私の好みというか、想いです。

潟見　詩を作る意味ですね。まさしく天安門事件を歌った「広場」は時代と接点を持った詩ですね。

片岡　フランスのルイ・アラゴン（1897－1982）などの詩人の時代の心象というか、時代をシンボル化したものを歌っているものに、私は心を惹かれるというか心打たれます。抒情詩よりも叙事詩の方が、そこに人がいるというか、人との関わりを持っているテーマというのでしょうか。

潟見　なるほどね。そういう作品は、未発表も含めて、たくさん書かれているのでしょうか。

片岡　私は、詩集を持っていないので、詩人とは言えないですね。

潟見　ぜひとも、詩集を出していただきたいです。

片岡先生と読書

編集部　情報の切り抜きということでは、片岡先生は、幅広いジャンルの本をたくさん読まれますよね。それは、本屋さんへ行って興味のある本を選ばれるのですか。読書術を伺いたいです。

片岡　そうですね。（と言ってメモを取り出す）

編集部　メモがおありなんですね。

片岡　今も5冊、メモにあります。

潟見　どのような本か、お聞きしてもよろしいですか。

片岡　一つは、『キーウの月』（作：ジャンニ・ロダーリ　絵：ベアトリーチェ・アレマーニャ　訳内田洋子　講談社）それから、『戦争が町にやってくる』（ロマナ・ロマニーシン、アンドリー・レシヴ／作　金原瑞人／訳ブロンズ新社）、『物語の言語学』（甲田直美著　ひつじ書房）、『人類の終着点』（朝日新書）、もう一つが『ここに物語が』（梨木香歩著　新潮社）。この5冊です。

編集部　先生は、新聞を見ていて面白そうだなと思って、目をつけるんですか。

片岡　そうですね。

編集部　すごいですよね。新聞の書評欄をご覧になって買われるわけですか。

片岡　書評とか、広告とかを見て。（笑）

編集部　興味がある内容とか、キーワードとかありますか。

潟見　今のお話をお聞きすると、「物語」と「戦争」がキーワードになっているのですね。

片岡　そうですね。

編集部　読まれた後は、感想とか気になることは、パソコンにメモされたりなさるのですか。

片岡　ホームページを発信する人とかいますよね。できればそうしてみたいと思うのですが、なかなかそこまでは手が回りません。どちらかと言えば「もっと知りたい」という好奇心ですね。

潟見　それはすごいですね。好奇心は先生の中で、若い頃からずっと核をなしているのですね。

片岡　それが絶えたら泉が枯れ無に還るときが訪れるのでしょうね。

子どもの文化とは　どのようにあるべきか

潟見　子どもの文化研究所の所長という立場から、また、これまでのご経歴から子どもの文化をどのようにとらえて、どのようにあるべきかをお聞きしたいと思います。

片岡　子どもの文化というと、「大人が子どものために良かれと思って、何かをしてあげる」というイメージがもたれてます。子どもから言えば、上から目線という感じで子どもの文化を考える、大人が子どもにいい文化を与える。という目線で考える運動をする人もいると思います。

でも、私はむしろ、子どもの中にある何かを目覚めさせるというか、揺り起こすというか。子どもが本来持っている本当のパワーや想いというものを、自分自身が形にしていく力を子ども自身が持ってほしいと思うのです。それを与えるということになると、大人がさせることになります。そうではなくて、子ども自身が自分の持っている力に目覚め、気づき、そしてそれを形にしていく力を発揮してほしい、そういう思いです。

大人が作って子どもに与えるのではなくて、子どもの中にある力を揺り起こすというのでしょうか。

潟見　今の子どもを取り巻く世界をどのように見ていらっしゃるのでしょうか。

片岡　子どもの中にあるパワーの可能性の大きさ、広さというものを子ども自身が、自覚的にとらえて「自分はどういうことをやりたいのか、できるのか」ということについて、大人が敷いたレールの上を歩くではなくて、自分の力で行く道を切り開いていく。その時に周りの大人との間に当然、いろいろな葛藤があったり、対立があったりするわけですけれども、そういう、葛藤や対立などの体験を重ねながら、自分の力を強くしていく。

言い換えれば、子ども自身が自分を「どうありたいか、生きたいか」を自覚的に考えて、大人にぶつかっていくという、自分の中の現在地を知るということと自分が持っている可能性の大きさに気づくということでしょうか。その気づきに対して、それを責任をもって、自分の力で実現していく、そういう営みが成長ではないかと思います。

自分の力や身体が大きくなっていくということを、受け身ではなく、それを積極的に自分の中でその力を育てていって欲しいし、そう努力して欲しいと思います。

潟見さんがやっていらっしゃる人形劇の、人形という存在はただの人形というだけではなくて、子どもから見れば一つの生命体であると思います。

潟見　まあ自分の、自分たちの仲間みたいなものですね。

片岡　人形はヒト型で、「自分を写す鑑みたいなもので、その人形の動きを見ながら「自分はどうなんだ」と振り返ってみて、そこに気づきがあって成長変化していく。親は子どもにいろいろと小言を言ったり指導したりするわけですが、大人に指導されながら自己形成をするのではなくて、自分はどう生きていけば自分らしく生きられるか、自分自身について顧みるというか、客観的にみるというか、それを支援するメディアとして人形があると思うのです。

子どもにとってみれば、大人が「勇気をもって生きろ」と言葉でいくら言っても、どういう形で生きるのかとらえにくいし、わからないと思うのです。大人が人形に託して子どもにメッセージを送れば、子どもは人形を介して大人のメッセージを受け取ります。そのことによって、直接、親や大人から「あーしろ！こーしろ！」という指示的・直接的なメッセージはなくて、子どもは、大人のメッセージを、自分で「どうあるべきか」ということを人形の動きを参照しながら、自分で発見していくということでしょうか。自分の想いを対象化するというのでしょうか。そのメディアとして人形劇が存在するのかなと思います。

人形を操る人は、人形劇を見ている子どもが、どういうふうに受け取っているか、反応しているかを観察なさっていると思います。そうするとやはり、子どもは大人の言葉や指示的な指導とは違って、一旦、人形の中に込められたメッセージを人形を介することによって客体化する。人形のアクションが暴れん坊だったり、甘えん坊だったりしたら、それを自分の中にもあるそういう、メンタリティを人形を通して、自分の中にある同質の心性を客観的に見ることができますよね。そのことによって、親や大人が、直接「あーしろ！こーしろ！」と指示的に言う要望や願望とは違って、人形を介することによって、子どもの方から見れば、客観的にメッセージが伝わり、見えるというのでしょうか。

　だから、極端に言えば、イギリスの人形劇『パンチとジュディ』（パンチとジュディという二人の人形が口論したり、なぐり合ったりしながら、観客の子どもたちの反応を取り入れて進行する劇）を見て、大人が注意したいことを、人形のやりとりを反面教師にして展開する『パンチとジュディ』を通すことによって、親からの直接のメッセージとは違った意味で、大人が何を望んでいるかということを受け止めることになります。

子どもの文化運動と交流

潟見　先生はいろいろな活動をされてきていますよね。そうしたいろいろな活動の中で、私は、私たちの世代以降だと、横のつながりが希薄になって、仲良し会的に気が合う人の集まりはあっても、一昔前で言う、異文化交流、異業種交流みたいなものが、やっているところはやっているのでしょうけれども、子どもの文化というレベルでは非常に少ないのではないかという気がします。例えば、紙芝居の人は紙芝居の中だけ、人形劇の人は人形劇の中だけ。もっと子どもの文化に携わっているいろいろなジャンルが、どこかで喧々諤々としながらも顔を合わせる場や会というものがつくれないものかなと。先生はいかがでしょうか。実際そういう活動をやっていらっしゃって、何か問題点やアドバイスがあれば、ぜひお聞きしたいと思います。

片岡　あらためて主題を決めて、そのことを論じるということではなくて、もともと、文化というか、文化情報とは、パッチワークというか、いろいろなものを貼り合わせていって、違ったものが出来てくるというのか、私の手法というか、私はある意味では切り抜き文化、切り貼り、パッチワークで、その結果、意外なものがつながって、意外な世界が広がっていく、発見があるという。そういう発見というか、ハプニングというか、予定調和的でない、ぶつかり合いというのでしょうか。そこから生まれてくるものの方が、やはり面白い。だから、同じような考えを持った人が集まって話し合うよりは、まったく違った世界の人が集まって話し合って、その中から意外な結びつきが生まれてくる。

まさにパッチワークですよね。パッチワーク的な交流、そういうのをやっていく。一見、何か目標があって、集中的にそこに収束してしまうのではなくて、むしろ、何が出てくるのかわからないというハプニング的な意外性とか、そういう予定調和でないものが生まれてくるというのが、対話のおもしろさであると思うし、異文化交流の楽しさというのではないでしょうか。情報の切り抜きを自分だけで収束していくのではなくて、それが拡散していくような場があるといいなと思います。こういう機会に他の方たちと話すのは、これからも大切なことだと感じます。

編集部　片岡先生は非常にフィールドワークが広いという印象があります。これまでお話に上がってきたラジオやテレビ、脚本、詩作などの他に、例えば、東京都世田谷区にあるプレーパークに関わっていらっしゃいました。プレーパークはどのように関わられたのですか。

片岡　経堂の川を暗渠にして、その上で何かをやろうということで、商店街の東電のミーティングルームで大村虔一（1938年－2014年）・璋子ご夫妻たちと何回も話し合いました。

編集部　そのほかにも、私が存じ上げてるだけでも、鈴木みどり（1941－2006）さんの「子どもとテレビの会FACT」、子どもの遊びと手の労働研究会（手労研）、インターハート人間教育研究会、語り手たちの会、東京家政大学のHulip（ヒューマンライフ支援センター）。先生が関わられている研究会等は少なくないと思います。

先生の思索の背景には、こうした子どもの文化のさまざまな活動に関わってこられた経験が大きく関わっていらっしゃると思いました。

これからの子どもの文化研究所に望むこと

編集部　最後に、これからの子どもの文化研究所について、先生のお考えをお伺いします。

片岡　今のところ、特に文化研で子どもの文化について「シンポジウムをやろう」とか、「研究会をやろう」とかというのがないですよね。いろいろなジャンルの人に来ていただいて、「今の子どもの文化をどう思うか」というのをやってみることが大切ではないかと思います。

「子どもの文化」という大きなジャンルはあるのですけれども、例えば、その中で歌とか、ダンスとか、違うメディアのことをやっている人たちに集まっていただいて、そういう中から一つのものがまた新しく生まれてくるような、そうした創作の場としてのきっかけを文化研が位置づいてもいいのかなと思います。

今そういう形で、子どもの分野に関わる異分野の人たちが集まる場というのが、ないですね。別に具体的に何かというわけではないのですが、緩やかな話し合いの場を重ねていく中で、何かをやろうという話がまとまってくればいいかなと思います。

今の文化について、クリエイティブにやっている人たちが、集まる場をメディアの出版社の人たちも含めて、子どもの文化研で機会を作って、段階を踏んで何かが生まれてくるようになったらおもしろいですね。

文化研で子どもの文化について、考えていることを吐露できるような場を作って、それを記録して本に出来れば、それはそれでおもしろいと思います。

第2章

子どもと文化を考える

①子どもの成長発達と遊び・おもちゃ
②物語の世界を楽しめるメディア　それは絵本と紙芝居
③お話と語り、これまでとこれから
④文化としての「アニメ」と「文化」
⑤誤解から正しい理解へ―メディア・リテラシーのすすめ
⑥人形劇の可能性を考える七つのアプローチ
⑦心を揺るがすもの―歌が心身に及ぼす影響

※この章は月刊『子どもの文化』より再掲載

①子どもの成長発達と遊び・おもちゃ

子どもの発達にとって遊びとおもちゃがどのようなかかわりを持っているかについては、遊んでいる子どもの姿から最も多くのことを私たちは学ぶことができます。

特に乳幼児は、大人がそうだと思い込んでいる「遊び」「おもちゃ」という概念をはるかに超えて、生きる営みそのものの中に遊びを見出していますし、身のまわりにあるあらゆるものをおもちゃにして遊びます。このものとは、必ずしも形がある物体とは限らず、音であるとか、影であるとか、動物、人間、時にはイメージである場合もあります。

ここで論じる遊びとおもちゃは、それらを含んだ広い概念でとらえるものとします。

世界とのかかわりで進む成長発達

乳幼児から始まる人間の成長発達は、まわりの環境との相互交流なしにはあり得ません。生まれたばかりで放置された赤ちゃんは、やがて生命を停止する運命にあります。この冷厳な現実を見るまでもなく、人間は文字通りまず人の間、つまり幼くしては養育してくれて、生活を共にする保護者、家族、ついで遊び仲間、生活の場と時間を共有する隣人、知識や経験を体系的に学ぶ機会を通じて出会う教師、そのほかの他者、自立してからは、社会を構成する不特定多数の人間とのかかわりなくしては、生を全うすることは出来ないのです。

生きるということは、変化することを意味します。変化することを止めたとき私たちは死を迎えます。変化には、肉体的な変化と精神的な変化があり、一生を通してみると、プラスの変化である成長とマイナスの変化である老化があり、この二つの変化には、いずれもその人が生きている環境が大きな役割をはたします。

成長発達に必要な応答する環境

特に肉体と精神がビッグバン的に発達する乳幼児期は、その人の人間としての基盤が形成される時期だけに、成長発達が必要とする多様なニーズに適確に応える柔軟な環境一応答する環境を欠かすことができません。乳幼児は、環境との対話と交流のなかで、一歩一歩発達の課題をクリアして成長の階段を上っていきます。

心理学者ジャン・ピアジェは、自らの幼い子どもの生活を観察することを通して、人間の知的な発達は、子どもが本来内に秘めている、学ぼうとする衝動と、身のまわりの環境のなかで触れるさまざまな事柄との絶え間のないやりとりを通して伸びていくことを証明しました。

当時一歳だったジャクリーヌのベビーサークルからもうすこしで手が届くという場所に、彼女が盛んに興味を示していた懐中時計を置き、懐中時計の鎖をサークルのすぐそばまで延ばしてその上に小さなクッションをかぶせておきました。すると、彼女は最初、手を延ばして時計をつかもうとしましたが、それに失敗すると、つぎに鎖に注目し、鎖の上にクッションが乗っていることに気づくとクッションをはねのけて、鎖をたぐって目指す時計を手にしたのです。

こうした実験と観察を重ねて、ピアジェは子どもの知的な発達が、①感覚的に外界をとらえ、その刺激に意図的に反応してまわりの世界を知る感覚運動的発達期、②目の前にない事象について心の中で思い浮かべることはできるが、それらを論理的に考えることはできない前操作期、③具体的な対象物については論理的に考えることができる具体的操作期、④いろいろな知識を頭の中で組み合わせ、仮説を立て、それに従って抽象的に論理を進めることができる形式的操作期、の四つの段階を経ると考えました。

このピアジェの発達理論は、子どもの成長発達に欠かせない応答する環境について、とても大切なことを私たちに教えてくれています。

おおよそ一歳半ぐらいまでの乳幼児は、感覚運動的発達期にいるわけですが、この時期の赤ちゃんには、なめたりさわったり聞いたり見たりして世界を知覚させ、身体機能の発達を促す環境を用意してあげることが必要です。おしゃぶり、がらがら、歯固め、モビール、オルゴールなどの遊具、そしてなによりもママのおっぱい、赤ちゃんをあやし、声かけをし、笑いかけ、赤ちゃんの好奇心や伸びようとする意欲を刺激し励ます愛情溢れる存在が欠かせません。不幸にしてそうした環境に恵まれない場合には、生きていく上で最も大切な基本的信頼感を身につけられないまま成長してしまうことになってしまいます。

やがて子どもは、目の前にあるものが見えなくなってでも、そのものは消失してしまうのではなく、見えないところで存在しつづけるという「対象物の持続性」を学びます。この時期の子どもは、「いないいないばあ」が大好きです。広げた両手の後ろに顔を隠したママはいなくなったように見えるけれど、そこにいるにちがいない。でももしかしたら……と不安になったときに、「ばあ」と顔が現れる。やっぱりいたと予測が当たったことの喜びとともに安心感が全身を包み込んで笑いを誘います。

子どもはこの遊びのルールをさまざまに応用します。いろいろなものを隠して遊ぶ遊びや、対象をことばに結び付けて覚えたりすることもそれらの一つで、知的な発達は次の前操作期へと伸展していきます。

心身の発達と遊びは不即不離の関係

前操作期に入った子どもは、「ごっこ遊び」が大好きです。この時期の子どもは、ピアジェが「表象的思考」と名付けたイメージする力を身につけており、その力をフルに発揮できるのが「ごっこ遊び」です。

「おうちごっこ」でお母さん役を演じている女の子を観察してみましょう。

時は朝、どうやらキッチンで朝ごはんの用意をしている様子です。お菓子の空き箱をトースターに、平べったい積み木を食パンに見立てて焼いています。しばらくすると、「チン」と言って、「さあパンがやけましたよ。パパ早く起きてください。ケンちゃんも起きないと幼稚園におくれますよ」と、横になっているパパ役と子ども役をゆり起こしています。

この一連の役割演技を行うには、まず母親の生活行動を観察してその意味内容を記憶し、その記憶を呼び戻しつつ母親になりきって再現する力が備わっている必要があります。心理学でいう「延滞模倣」を可能とするには、イメージする能力と、再現に必要なことを記憶しておくための脳のメモリーの容量と、再生能力が十分に育っていなければならないのです。

また、ごっこ遊びを楽しく演出するトースターやパンといったグッズには、手近にある空き箱や積み木が見立てられているわけですが、このウソッコをホンコとしている力こそ、あるものを別のものに見立てる力、表象能力なのです。

このことからも分かるように、知能の発達によって遊びが広がり、おもちゃの種類も多様になるとともに、遊ぶ楽しさが新しい知能の発達や人間関係などの社会化を促します。心身の発達と遊び、おもちゃは不即不離の関係にあり、遊びとおもちゃを豊かにも貧しくもするのが環境といえます。

量産おもちゃも大切な環境のひとつ

いわゆる商品化されたおもちゃも子どもの成長発達に大きな役割をはたす環境を構成しているものの群れの一角を占めています。

大抵の大人は「おもちゃ」といえば市販されているものをまず思い浮かべます。自分自身がかつて子ども時代には、商品化されたもの以外の「おもちゃ」で遊びながら大きくなったことを忘れて、子どもに市販品を買い与えたがるのです。現実原則にがんじがらめにされている大人としてはまあ仕方のないことなのでしょうし、それはそれで意味のあることなのです。

問題は、そのおもちゃが買い与える価値を持っているかどうかです。おもちゃによっては子どもの成長発達に害を与えるがらくたものとなる場合があり得るのです。

最も分かりやすい例をあげると、最近問題になった鉛入り塗料で色付けしたおもちゃです。子どもが舐めたり触ったりすることで健康被害をもたらします。

こうした危険を避けるための安全基準が定められていることで、大きな身体的物理的危険はチェック出来ますが、子どもの心や情操の発達への影響までは保護出来ません。かつて世界的に流行した「たまごっち」が、子どもの生命観を歪めるのではないかと論争になったことを記憶している方もあるでしょう。

今年になって玩具業界のオピニオンリーダー的情報誌「月刊トイジャーナル」（東京玩具人形問屋協同組合発行）が三ヶ月の短期連載で「子どもの成長にとって『おもちゃ』とは?」を特集しました。巻頭の「おもちゃ業界の活性化はここを出発点に」と題したコラムには、特集の意図を、「社会や消費者や子どもが変わった、商売やおもちゃづくりが難しくなった、おもちゃが売れなくなった等々、様々な困難や課題に直面する中で、我々が今こそ一から学び直し、知らなければいけないのは、子どもが成長するとはそもそもどういうことなのか、その子どもにとって遊びとはどういう意味を持っているのか、またおもちゃは子どもが成長する上でどのような役割を担っているのか、あるいは良いおもちゃとはどのようなものなのかということであり、それはおもちゃ自体や、おもちゃを仕事にすることの意味や意義を再認識することである」と述べ、子どもの成長とおもちゃの接点を探るために、さまざまな領域の研究者（日本から八人とアメリカから一人）にインタビューを行っています。

一部の親に早教育を目的に知育玩具を買い与える風潮が見られますが、業者としてそうした表層的なブームに便乗しようとするのではなく、成長と遊び、おもちゃのかかわりについて真摯に学ぼうとする姿勢には共感と期待を持つことが出来そうです。

成長発達を支え彩る遊びとおもちゃ

子どもの成長発達は遊びと密接に結びついており、遊びはおもちゃによって支えられ彩られているという関係です。

数多くの知育・教育玩具を世に送り出してきたアメリカのフィッシャープライス社の研究機関プレイラボ所長のキャサリン・アルファノ博士は、「おもちゃは子どもの発達全般に役立ちます。体と頭と心、そして社会性といったことすべての発達が促されるのです。頭に関わるということは問題解決を考えるということにも繋がります。例えばおもちゃを使って遊ぶ中で、つぎにここへ行きたいけれども、どうやったらこの地点から次の地点に行けるのかとか、子どもは遊びを通じて自分自身の頭を使って考えます。またパズル遊びなどで物を組み合わせることがうまくいったときには、子どもは満足感を覚えますね。それが自信に繋がる。また自信を持つから頭の発達に繋がるのです。さらに手の感覚と脳との連動性を図るということもあります。パズルもそうですし、自分の目と手の運動を調整して、組み合わせることができるようになると、次には歩くとかジャンプするとか全身的な動きに繋がっていきます。手を使うということは脳を使うということにも繋がりますから、両手を使って何すれば手と脳の両方を発達させることになります。ですから、おもちゃは勉強面だけではなくて、頭と心と社会的な機能も発達させることができるのです」と述べています。

おもちゃは、成長発達を支え彩るばかりではなく、シュルツのまんが「ピーナッツ」に登場するライナス坊やの毛布のように、移行期の子どものよりどころにもなりますし、箱庭療法で使われるおもちゃのように心の病の回復のお手伝いもします。さらにおもちゃは大人のリフレッシュにも活躍しています。おもちゃは人間が創造した生きるため、遊ぶための最も優れたツールといえるでしょう。

成長発達のロードマップと遊びとおもちゃ

ふたたびピアジェの知的発達段階のロードマップに戻りますと、抽象的な概念を用いて世界を分析的、総合的に把握できるようになる前操作期を経て、子どもはより複雑な思考ができる具体的操作期へと歩みを進めます。

およそ7歳から11歳がこの時期に当り、具体物を手懸りにして物体の量は形が変化しても不変であるということに、変化を連続的にとらえ、その変化に自分の考えを協調させることが出来るようになります。たとえば、コップのジュースを他の容器に移したらどうなるかを頭のなかで推論（内面化）し、変わった状態（変換）をイメージし、さらに元のコップに戻したら元通りになること（可逆性）を理解します。「内面化」「変換」「可逆性」の三つの操作を使って思考を体系化させることによって、より複雑なことを理解する力が身についていくのです。

この力は、スポーツや遊びのルールを理解するのにも応用されます。

おやつのジュースの多い少ないをめぐる取り合いやおもちゃの貸し借り、じゃんけん遊びや鬼ごっこ…そうした経験を積み重ねながら、他人と自分の相違点や共通点を客観的に見つけ出し、それを理解し受け入れることで他人と協調できるようになって、子どもは自己中心性から抜け出し、大人に一歩近づきます。十分に生活体験を重ね、十分に遊ぶという経験が成長発達には欠かせませんし、それを保障しないと成長発達を歪めることになりかねません。

次の段階は、ほぼティーンエイジに重なる形式的操作期です。具体的操作で身につけたさまざまな知識と経験の体系を、頭のなかであれこれ組み合わせ、系統だった仮説を操作できるようになる過程です。

この抽象的原理を理解するという新しい能力の獲得によって、子どもの世界は一挙に拡大します。文学や音楽、芸術、異文化などへの関心が高まり、自由、愛、死といった抽象概念に親しみ、思索にふけり、自分の城を築き始めるのもこの時期です。

自分を世界に開くという営みと、自分の世界を築くという二つの正反対のベクトルをどう調整してどんな大人になるかという大きな課題に直面する悩み多き年代です。この調整の過程で、親社会的な性格や反社会的な性格が形成されます。この時期の成長発達には、周りにどんな人間関係があるか、親子関係、家族関係、友人関係、師弟関係などの人間系のネットワークと、住まい、メディア、スポーツ、趣味娯楽、持ち物、オシャレなどを左右する経済状況など、どんな生活環境にいるかが大きな影響をもたらします。

ティーンエイジャーにとっての遊びとおもちゃは、子どもっぽさを残しつつも大人のそれにかぎりなく近づいてきます。大人にとっても遊びとおもちゃが必要なように、彼らにとってそれらが生きる上でいかに大切かは、ここで言うまでもありません。

人間はホモ・ルーデンス

発達心理学者のM・B・パーテンは、遊びの発達段階を、①自由な行動、②傍観者的な行動、

③孤立、独立の遊び、④並行的な遊び、⑤連合の遊び、⑥協力的、組織的な遊び、の五つの段階に分類していますが、さまざまな年齢の子どもたちの遊びの姿に、それぞれの段階を見出すことができますし、ある年齢以上になると、生活の場面場面によって遊び方を複数、並行して選んでいることも見て取れます。

人間は一生を通して遊ぶ存在＝ホモ・ルーデンスであると喝破したのは、19世紀末に生まれて1945年に亡くなったオランダの歴史学者ヨハン・ホイジンガでした。

ホイジンガは、その著『中世の秋』（堀越孝一訳 中央公論社）で歴史を論じる中で、〈いつの時代も美しい世界にあこがれる〉、その〈第一の道は、世界の外に通じる俗世放棄の道である〉〈第二の道は、世界そのものの改良と完成をめざす道である〉〈第三の道は、夢見ることである〉とし、この夢の道は〈生活そのものを、美をもって高め、社会そのものを、遊びとかたちで満たそうする〉ものと述べ、その視点からヨーロッパ中世末期の文化を分析しました。

このテーマは、『ホモ・ルーデンス』の中でさらに深められ、〈真の文化は、なんらかの遊戯内容をもたずには存続してゆくことができない〉〈諸々の文化の遊戯性、日常生活の枠組や骨格をなす法律や制度の諸々の形態からはじめて、学問や芸術、さらには政治や戦争にいたるまでの人間の生活や行為、一言にしていえば人間文化のなかに、遊戯の要素をみいだしてゆくことができるだろう。もし人間の文化がこのように遊戯から生まれ、遊戯にささえられ、また遊戯の要素をとどめているとすれば、文化が遊戯の性格を失うことは、いわばその根源から離れることである。根源を失ったものが退廃に陥るほかないとすれば、遊戯の精神を忘れた文化は崩壊の淵にのぞむものだ〉と警告を発しています。

言葉を換えれば、遊びの心を失った人間は滅びるということになります。また、ホイジンガは、『明日の影のなかで』と題した現代文明を論じた本の中で〈いかなる文化も心の温かさを欠いて存続することはできない〉とも述べています。子どもや若い世代がからんだ最近の悲惨な事件の背後には、衝撃吸収機能として従来の文化が内蔵していた心の温かさが急速に、失われつつある現実があります。遊びやおもちゃは、温かい心を持つ文化によって育まれます。文化によって育まれた遊びやおもちゃが子どもを遊戯の精神を持つ大人に育ててくれるのです。この循環がよく機能してこそ、平和と幸福が実現します。遊びとおもちゃの大切さを噛み締めたいと思います。

（2008．7＋8月号　子どもの成長発達と遊び・おもちゃ）

②物語の世界を楽しめるメディア──それは絵本と紙芝居

物語の発明

われわれはどこからやってきてどこへ向かうのか？　画家ポール・ゴーギャンの脳裏に去来したこの問いは、いまも多くの人たちの知的な関心を呼び覚ます惹句（コピー）として繰り返し引用されていますし、これからも私たち人類の頭骸の内部で反芻され続けることでしょう。

同じような意味で、物語が何時何のために生まれ、どのようにして伝えられてきたか？という問いも、おおげさにいえば子々孫々繰り返して問い続けられるに違いありません。歴史を意味するhistoryという英語の中には、物語を意味するstoryという言葉が組み込まれています。この二つの概念を考えてみると、組み込まれているというより歴史そのものが物語であることに気づきます。各地に伝わる神話は、天地開闢に始まり、神々による国生み、万物の創造、秩序をもたらすものとしての王権の誕生とその伝承を、あたかも一編の物語のように語り継いだものですし、シェイクスピアが人生を舞台で繰り広げられるお芝居に例えたように、人の一生を観客席から見ると、まさしく物語を生きているように見えるのではないでしょうか。

辞書で「物語」をひくと、〈物語ること。その内容。話〉とあります。特に物語るという意識を持っていなくても、人と話すときには、その話には意味のある内容が含まれています。もし意味不明だったり、内容が伴っていない場合は「話にならない」ということになります。では、次に「物語る」をひくと、〈①体験などあるまとまったことを話す。②比ゆ的にある事実がある意味をおのずから示していること〉とあります。私たちが物語る場合には、経験した出来事とか、昔話とか、筋のあるまとまったことを②の用例として「老いを物語る白髪」とあります。身につまされる用例ですが、良く分かります。つまり私たちは、何かを何かに例えて理解することを好む本性を持っていると言えそうです。

例える行為は、何かを何かに置き換える操作を必要とします。その時、私たち頭の中では、その何かを置き換えるにふさわしい他の何かを、記憶の中から検索し、選択するという作業が行われます。この作業は、物理的な単純作業というより、高度なイマジネーションを必要とする創造的な営みであり、時に事実と乖離した仮象が引用されることさえ起り得ます。たとえば「あの女性は、花のようだ」「あの女性は、妖精のようだ」のように。

今でこそ、歴史は膨大な資料と綿密な考証の許に記されますが、古代史にあっては、この置き換えは当たり前のように盛んに行われました。ほとんど創作と言っていいほどで、敵対勢力は醜く恐ろしい獣や鬼や悪霊などに例えられましたし、為政者側の人物像や業績は美辞麗句で飾り立てられました。

「古事記」「日本書紀」などの書き遺されたものや、「桃太郎」「一寸法師」などの語り伝えられた昔話に、その痕跡を容易に読みとることが出来ます。

言い換えには、飾り文句や貶める表現や嘘や想像や推測などの虚構が混入します。物語る行為は、事実のくびきから想像力によって離脱することにほかなりません。物語の魅力は、虚構がどれほど巧みに取りいけられているかにかかっていると言っても過言ではありません。

J・P・サルトルは、〈想像力とは、意識の、経験による後から付加された能力の謂いではない。それは意識が己の自由を実現する場合の意識の全幅である。この世界内にある意識の具体的で現実的な一切の状況は、意識がつねに現実界を超越するものとしてあらわれるかぎり、つねに創造的なものを孕んでいる〉（平井啓之訳『想像力の問題』人文書院）として、人間は想像力によって現実の制約から離れ、自由を実現することが出来ると述べています。

虚構の物語を生み出す作家の中で起きていることは、かっての経験や思いついたことやしたことをシャッフルして、まったく経験したことのない新しいイメージとして創造する行為なのです。

幼いころに読んだガリバー旅行記、月世界探検、ドンキホーテ、地底探検、ほらふき男爵の冒険などの物語は、そうした行為によって創造された虚構の世界ですが、その世界でこころを躍らせて遊んだ記憶を誰もが持っていますし、優れた文学の多くは、虚構によって真実を描き出すことに成功した作品なのです。

現実に働きかける想像力

単純に私がまだ行ったことのないところから人類未踏の世界まで、肉眼では見ることのできないミクロの世界から広大な宇宙まで、いま私たちのいる世界からあるかもしれない併行世界まで、物語は測り知ることのできない広大な世界を内に秘めています。では、物語が描く非現実的な世界は、私たちにどのような意味を持っているのでしょうか。

ここに19世紀の画家たちが描いた未来世界の想像画をアンドリュー・ワットが集めた『彼らが夢見た2000年』(長山靖生訳・新潮社、1999)という画集があります。ページをめくってみると、今日すでに実現したものもありますし、まだ実現せずに夢にとどまっているものもあります。ワットによれば〈絵描きたちが目的としたのは、まじめで科学的な予測ではなく、人々を楽しませることだったので、その発想は実に不思議で奇抜なものが多い。だが、なかには科学者の独断をしのぐ真っ当な予想もあった。たとえばロビダーは1880年代から90年代に、空の輸送機関が未来社会の主流になると考えていたが、英国ロイヤルソサエティの会長であったケルビン卿は1890年の初頭、「空気より重い飛行機械は不可能である」と述べたという記録が残されている〉

と書き、〈未来を生み出すためには、きっと技術よりもヴィジョンが大切なのだ〉と主張しています。

編集工学の高橋秀元は、『幻想的時空間と物語構造—世界観共有装置としての物語』（NTT出版・1988）で、〈物語はたしかに作為であり、広い意味での虚偽である。しかも、この虚偽は、もし虚偽であったとしても、物語を形成した当人によって望まれた解釈であり、それが複数の集団の環境意識のなかで、共有される解釈であるとき、集団を動かす実効のある虚偽である。

こうした虚偽は、いわゆる真偽という尺度によって葬られるような虚偽ではない。それは大きな意味で価値の選択を迫る機能を果たしている。この物語効果は、物語を所有した集団の命運を定めるものでさえある。物語はわれわれ個々の頭脳に内蔵された基本的な思考構造であり、それは人間がひとりで自然のなかで生きて行くだけではなく、複数の集団として生きていくための行動を作り出す〉と述べている通り、ある集団で共有された物語は、その物語が指し示すヴィジョンとして現実をも動かす力を発揮することになります。

人類が紡ぎ出し共有した物語＝ヴィジョンが、科学や技術の進歩をリードし、その成果として私たちが多くの夢を現実にしてきたことは否定できません。しかし、一方で、日本を第二次世界大戦へと導いた「大東亜共栄圏」なるヴィジョンもまた国民が共有した物語であり、現実に何百万の人命を奪う結果を招来したのでした。ここに想像力が現実に働きかける負の面である破壊的な役割を見ることが出来ます。

ファンタジーの役割

ここでファンタジーと現実のかかわりについて考えてみましょう。『モモ』や『はてしない物語』（岩波書店）の作者ミヒャエル・エンデは、大型ファンタジーのブームの背景について、現代にあっては、大人も子どももファンタジーの世界を訪れることによって、日常生活で疲れた心を癒し、生きる力を甦らせてまた現実の世界へ戻って行く、という意味のことを語っています。

想像力の産物であるファンタジーの役割を端的に示したのが、モーリス・センダックの絵本『かいじゅうたちのいるところ』（冨山房）です。ママの言うことを聞かずに暴れ回ったマックスは、夕食抜きで寝室に閉じ込められてしまいます。すると不思議なことにベッドの四本脚がにょきにょき伸びて樹になり、寝室が森になってしまいます。マックスは森を抜けて海へ出て、舟に乗り、かいじゅうたちの住む島へ旅します。怪獣たちはマックスを王様として迎え、かいじゅう踊りをして遊びますが、遊び疲れてお腹をすかせたマックスは家が恋しくなり、また舟に乗って帰ります。帰りつくと森は寝室に戻っており、テーブルには、おいしいスープがいいにおいを立てているのでした。現実世界で叱られたマックスは、やり場のない怒りを胸に秘めて空想世界であるかいじゅうのいる島に渡り、そこでかいじゅう踊りを踊って、うっぷんを晴らし、再びいい子になって現実世界である家へ戻ったというわけです。

かいじゅうの島へ船出する前の寝室から見える月は半月ですが、島でかいじゅうたちと踊って欲求不満を解消した場面の月は満月になっています。アン・モーズリィという評論家は、この月の変化をマックスの心理的な成長を象徴していると読み解いています。

このように、作り物の世界であるファンタジーは、現実の世界に住む読 者に具体的な変化をもたらすのです。

絵本と紙芝居

絵本や紙芝居は、同じような働きを読者にもたらします。絵本や紙芝居は、両手のなかに入るくらいの大きさでしかありませんが、実は、森も宇宙も入るほど大きな世界が入っていると言えるのです。

絵本と紙芝居は、物語を表現する印刷された映像メディアであるという共通点を持っていますが、絵本がもっぱら個人読者を予想対象とし、読者が主体的に静的な場で読むという形で使われるのに対して、紙芝居は複数の観客を対象に観客が集まった場で演じ手が 動的に演じるという差異点があります。

とはいえ、ともに子どもたちが物語世界を楽しむ入口に位置する大切なメディアであるといえるでしょう。

（2010・5　物語の世界を楽しめるメディア）

③お話と語り、これまでとこれから

口演童話を中心にしたストーリーテリングの歴史は、巌谷小波から始まり、久留島武彦、金澤嘉市と続き、文庫活動により全国に広がりました。その歴史とともに、これからのお話と語りについて考えます。

〝ストーリーテリング〟がもたらしたもの

昭和60年（1985）に刊行された一冊の本があります。背帯には「お話は楽しい！」。そして、帯には、「新しい語りの世界へ　いま、図書館や文庫でお話の輪がひろがっている、ストーリーテリングとさまざまな語り文化との関わりを省み、新しい語りの世界の展望を探る」とあります。その『ストーリーテリング』野村純一・佐藤凉子・江森隆子＝編（弘文堂・刊）は、お話と語りのこれまでとこれからを考えるうえでの格好の文献です。前書きに編者の一人、佐藤凉子はこう書いています。

〈いま、ものを語る、わけても昔話を語ろうとすることに、復権の兆しがみえる。これを支える現代の語り手は、図書館員であり、文庫を中心とするボランティアであり、母親であり、学校の教員であり、あるいは演劇関係の人々であり、というように、それは著しく多様な広がりをみせている。〉

このように彼等をして、現代の語り手たらしめた大きな契機のひとつは、一九五〇年代の終わり頃に、理論と実践を伴ってわが国に導入、紹介された〝ストーリーテリング〟であるといっても差し支えなかろう。

ストーリーテリング、即ち、お話を語ることは、英米の公共図書館で児童サービスの一環として隆盛をみた。そこでは常に、子どもたちが主たる聞き手であり、昔話が主たる話であった。

もちろん、わが国にあっても、子どもたちに昔話を語るというのは、家々の囲炉裏端で、またある時期には口演童話等を通じて、絶えるいとまなくなされてきた。けれども、いったいストーリーテリングは、語り手である大人と聞き手である子どもたちが、同じ重さをもってそこにおり、しかも肉声で語られた昔話が、語り手と聞き手の両者に多くのものをもたらすことを、私共にきわめてはっきりと示唆してくれた。

もっともその間、昔話についての学術研究は、まことに多彩な展開を示してはきたが、多くの場合一編のストーリーとしての昔話の感が深かった。これに対して〝ストーリーテリング〟にあっては、話と語り手と聞き手と語ることが、一体をなして存在し、それらが刺激となって、研究活動にも新たな視点を喚起し得たと思われる。そして何よりもお話を語ること、また聞くことが、人々の五感を、とりわけ心を強くゆり動かすものであることを、改めて教えてくれた〉。

この本が刊行されて、34年。核家族化と女性の社会進出が進んだ現在、親による昔話の肉声による語り聞かせは、レアケースとなり、幼児を含む子どもが昔話に接する機会は、メディアを介してか、保育・教育現場でのボランティアによる語り聞かせがほとんどになってしまいました。昔話に限らず、お話の語り聞かせは、かつての肉親から子へのパーソナルな伝承形態にとって代わって、ボランティア・保育者・教師から子ども集団へのソーシャルな伝承形態に様変わりしたと言えるでしょう。そして、その兆しは、近代化が生んだ学校制度による子どもの馴致が始まったころにまでさかのぼってみることができるのです。具体的にいえば、学校を舞台とする日本版ストーリーテリング＝口演童話の登場です。

口演童話と三人の先達―巌谷・岸辺・久留島

『日本口演童話史』内山憲尚編（文化書房博文社・1972）を参照してみましょう。内山は、巌谷小波が自伝「我が五十年」に記した、〈大日本婦人教育会の嘱託を受けることになった私は、毎月一回宛、学習院女学部及び幼稚園の生徒に、お伽噺の口演をすることになったのである。これが東京に於ける—否、真平に公開の席上に於ける、お伽噺口演の第一歩であったと言うことが出来る〉という記述をもって、小波を口演童話の創始者とするのに対し、児童文学研究者の山内秋生（1872－1958）は、同じころ、小学校や幼稚園の教壇に立って童話の口演を続けていた岸辺福雄について〈明治三十年頃、兵庫県の師範学校に居られた頃から、学童に対して常に試みられ、同36年、東京に自ら幼稚園を開かれてからは、園児には勿論、教会等からも招かれて演じられた〉として、同じ時期に巌谷・岸辺の二人が子どもを対象にお話を語ったと述べています。要は、それまでは個人の家で語られていた昔話が、近代的な学校制度がスタートして10年ほど後の明治20年代の後半には学校での教育のメディアとして位置づいたことを示していると言えるのではないでしょうか。

この二人が始めた口演童話を受け継ぎ、発展させた人物が、久留島武彦（1874－1960）でした。

口演童話の語り口

では、口演童話の誕生に関わったこの三人はどんな語り方をしていたのでしょうか？　本書のI章「ストーリーテリングの歴史」の中で、富田博之は、久留島武彦秘書新井太郎（1906－72）の「久留島先生座談筆記」などを引用して、こう紹介しています。

〈僕（久留島）はこういう性質だから、五百なり千なりの人が集まれば、ぐいぐい押しつけて、その五百なり千なりの人の一人残らずに話を聞かせてしまわなければ承知ができない。ところが巖谷先生はさうではない。聞こうが聞くまいが一向平気で、しゃべるだけしゃべってステージから下りてしまふという調子だった。…作家である小波にとっては、口演はあくまで余技であった。…世界のお伽噺に通じている第一人者という雰囲気だけで、おとなも子どもも小波のお伽口演に聞き入ったのだ。では、福雄（岸辺）の場合はどうだったのだろうか。内山によれば、「彼は、童話は一人一人の子どもに話しかけるように話すべきであるとして、一人一人の子どもによりそって、ささやくように話した。祖父が孫に対するようだった。〉

口演童話の草創期の語り口は、当然のことながら、三人三様だったのです。

金澤嘉市が受け継いだもの

1915（大正4）年、小学一年生で小波の口演童話「指輪大名」を聞いた金澤嘉市（1908-1986・愛知県出身。41年間小学校教諭・校長を歴任し、1978年に子どもの文化研究所所長を務めた）は、〈先生は金びょうぶの前に立って、扇子を片手に手振りを交えて語られた。そのとき胸をわくわくされながら聴いたことは今も強い印象となって残っている〉と述べています。金澤は、後に小学校教諭となって赴任した東京都西多摩郡多西小学校で、第一次世界大戦後の不況で本が買えずにいた子どもたちのために、昼休みの時間を使って「クオレ」「平家物語」「ジャンバルジャン」などの読み聞かせを行い、1934（昭和9）年、童話教育研究会ひばりの会の同人となり、自身の生活体験、日本、グリム、アンデルセン童話、ドーテの風車小屋便り、偉人の伝記、小川未明、浜田広介、新美南吉等を語り、日中戦争の戦時下には、国の情報局の統制のもとに発足した少国民文化協会に参加し、戦争美談や国策に沿った話も語りました。1945（昭和20）年の敗戦時の衝撃を、金澤はこう述べています。

〈日中戦争を聖戦と言って教えてきたが、聖戦どころか侵略戦争であったことがわかると、ときの軍部や政府の指導者をうらむと共に真実の見ぬけなかった自分の不明を恥じた。そればかりではない、聖戦と信じ「天皇陛下の御ために……」と戦死した教え子に何と言って詫びたらいいか〉

金澤は、悩んだ末、〈もう再びまちがった教育はしない。たとえ政府が何と言おうが、文部省が何と言おうが真理は真理、真実は真実として教えなくては……と決意した。……それは童話についても同じ心境であった〉と述べ、自身の幼少期を振り返って、次のように述べている。

〈私は幼児期に数々の話を母から聞いて育った。仏教信者の母はよくお寺詣りをする。お寺で聴いてきたお説教の中で子どもにわかる話をよくしてくれた。……また村に伝わっている伝説や民話もよく話してくれた。……その独特な語り口とともに私の心の中に今も残っている。いやそればかりではない。人間の生き方のもとをつくってもらったような気がする。……また私は小学校二年生のとき、よい女教師にめぐり合った。この先生は私たちにグリムやアンデルセン、そして日本の民話をよく話してくれた。ときには眼にいっぱい涙をためて話してくれたこともあった。そんなときに私たちもその話に感動して話の内容が心に残ったばかりでなく、その時の強い共感は私の生涯の生き方にまで影響をもたらしたように思えるのである。いや私の人間としての発達の基礎はここにあったと思えるのである。……最近、母たちによる語りの会ができ、母親の声による子どもへの語りが静かに拡がりつつあるのを見て、私はたいへんうれしく思っている。…点数中心のゆがんだ教育状況の中で、あとでは遅い心の育成、人間の発達の基礎にかかわるものをいま育てておかなくてはと気づいた母親の知恵によるものではなかろうかと思った。…いま、口演童話の時代は過ぎた。母親を中心とした語り手の時代がきたと私は思うようになった。

母親による語りの根、それが草の根のように拡がっていくとき、日本のほんとうの教育改革の根がつくられることになるだろうと思う。

母親を主体とした語りの心をもとにして、幼稚園でも保育園でも、図書館でも学校の教室でも語りの世界が開かれていくことを私は期待してやまない〉

と、語りが母親という語り手による新しい時代を迎えたことに大きな期待を寄せています。

語りのこれからのはじまり

主に学校を舞台にして展開された口演童話の時代が終わり、語りの担い手として登場した母親の活動の導きの星となった一人に、小河内芳子（1908年生まれ。1930年文部省図書館講習所終了後、公立図書館に勤め、退職後は児童図書の専門家として活躍。「児童図書館と私」等著作多数）がいます。小河内は、本書の「ストーリーテリングの実践」の「お話を家庭で」の中で、家庭で親が子どもに語る場合の注意を次のようにまとめています。

〈お話といえば、日常の会話ではなく、まとまった物語を語ることとなる。だがその前に、まだ、お話は理解できない乳幼児にも、母国語のひびき、その美しさを伝えるために、わらべうたをうたってきかせ、いっしょにうたえるようにすることをおすすめしたい。手まりうた、遊びのうた、子守うたなど、子どもの頃きき覚えたうたを誰でもいくつかもっているのではないだろうか。〉

次に昔話。これは元もと口伝えにされたものだから覚え易く語り易く分かり易い。日本の昔話より外国の昔話の方が面白いともいわれ、それも一理ある。が、日本の話には日本的な情緒が豊かに流れている。昔話は単純なようにみえてもくり返し語り、他人の語りを聞くといろいろな発見があり奥深いものがある。……昔話を語っていると、創作童話」を語るために選ぶ際の選択感覚が養われる。

覚え方と語り方については、……家庭で話される場合は、あまりこだわらず自由な気持ちでなされることが大切と思う。子どもの頃聞いた話、読んだ話、子どもの頃の思い出話、最近読んだ物語など何でも、心に残っている話を、自分の言葉で語ってみることからはじめればよい。語るときところも自由に、食後、眠る前に、買い物や散歩の途中で、お風呂の中や汽車の中でなど、いつでもどこでもできる。

「語り方について」もう一つ問題になる事は、語りの途中で子どもが質問や発言した時の対応である。多数を対象とするときは、多数の注意を中断せず、お話に集中させるために、ごく簡単に答えるか、〝あとで〟というかするのが普通であるが、家庭で一対一のときなどは、物語の面白さを伝えながら、そこからおこる対話も大切にしていきたい。絵本などでは、子どもとの対話を主眼とするものもあるし、何度もくり返した絵本ならそこから話が創造的に飛躍することもあろう。

家庭のお話のよさはいつでもどこでも何でもどのようにでも語れるところにある。…その物語の楽しさと感動を伝えその感動も共有することが大切なことだ。…あとは時と場合に応じて」柔軟に、自由に語ればよい。それが家庭でのお話だと思う〉

こうした小河内の助言は、今なお色褪せず生きています。これから親になる若い世代に肉声による語りかけの大切さと、お話や絵本が子どもの成長発達にどれほど大きな影響をもたらすかを覚えておいていただきたいと思います。

時代の移り変わりと語りのあした

古くは1960年代に、児童文学作家、『赤毛のアン』などの翻訳家として活躍した村岡花子（1893‐1968）が1951年に開設した「道雄文庫ライブラリー」や『ノンちゃん雲に乗る』で知られる石井桃子（1907‐2008）が1958年に開いた「かつら文庫」を追うように、わが子や地域の子どもたちにお話や絵本を届けようという使命感に燃えた母親たちは、自宅を文庫として開放しはじめ、その数は1958年には60、1970年には265、1974年には2064（全国子ども文庫調査・1995）に達しました。

1967年には斎藤尚吾によって日本親子読書センターが設立されたほか、1969年にはねりま地域文庫読書サークル連絡会（東京都）など、横のつながりも強まり、子ども文庫は全国的な文化運動として図書館設置要望などにも取り組み、コミュニティに根ざした社会文化運動の先駆けとなるとともに、女性の意識改革の基盤ともなりました。

江森隆子（1943‐）、司書、図書館勤務を経て、現在、紙芝居文化推進協議会）は、当時の状況について

〈一九八〇年の全国調査によると、東京の二二一文庫をトップに沖縄の六文庫まで、文庫のない県はない。全国で確認できた四五五七文庫の世話人の数は38，108人、子ども会員の数は534，000人（推定値）、小学生の五％は文庫に来ていると推察できる。文庫の日常活動は本の貸出が中心になるが、読み聞かせ、おはなし、手作り遊び、紙芝居、伝承遊びなど、子どもの遊び場・たまり場になり、地域の新しい子どもの交流が期待できる。…文庫を支える大人たちは、現代の子どもたちの状況への懸念、懸念というより強いもの―子どもたちの学び方・感じ方への疑問と、それをなんとかしなければ、という強い意志をもち、子どもたちに〝内在的な豊かさを養い〟たいと願っている、と同調査はまとめている。この意志と願いはそのまま、お話をすることへ結びつく〉と記しています。

この本が刊行された1985年から36年。その間、男女共同参画が謳われ、子育ての社会化が進みつつあるにもかかわらず、男女格差（ジェンダーギャップ）は改善されず、世界経済フォーラムが公表している国別ランキングでは144カ国中110位台で推移しており、男女の平等率がかなり低いと評価されています。特に国の政策・方針決定のプロセスに関わる政治家や官僚、大学などの専門研究者に女性が占める割合の低さが顕著です。旧態依然と言うか、むしろ民主主義とともに後退しつつあると言えるかもしれません。

かつてディンクス（Double Income No kids）が若い世代の新しいライフスタイルとして羨望の的に

なったことがありましたが、長期的な不況が続く今では、カップルの収入を合わせても子どもが持てない状況へと様変わりしています。働き盛りの夫を持つ妻でも、パートで家計を補わなくては苦しい中で、語りのボランティアとして活動する時間を確保することが、だんだん難しくなってきている現状もあります。子どもたちの明日に思いを馳せる時、何としても子どもたちにお話を届ける語りを痩せ細させるわけにはいきません。どんな手だてがあるのでしょうか？

お話と語りのこれからを考える

私たちＮＰＯ法人語り手たちの会は、１９７１年に桜井美紀（１９３３‐２０１１）が東京都保谷市の自宅を地域の子どもたちに開放してゆうやけ文庫を立ち上げ、その活動をさらに広げようと77年に子どもの文化に関わる仲間に呼びかけて全国的な組織の語り手たちの会をスタートさせたことを原点とします。櫻井はなにものにも束縛されない自由な語りを標榜して活動するとともに「語りのセミナー」を開講して語りの研究にも力を入れ、『大工の鬼六』として知られる昔話のルーツを民俗学のフィールドリサーチの手法で探り、論文「『大工の鬼六』の出自を巡って」を発表。また、語りの国際交流を目指して欧米中東を歴訪し、多くのストーリーテラーを日本に招聘するなど、語りの文化の普及と向上に多大の貢献をし、久留島武彦文化賞を受賞しました。

2008年に会をNPO法人化し、初代理事長となりましたが、2011年、病を得て惜しまれつつ逝去。片岡輝が遺志を受け継ぎ理事長に就任。会員数400余人、8事業部門を30名の理事が分掌して、語り文化を次世代に継承する社会的な責任を果たすべく運営しています。年2回発行の会誌「語りの世界」は唯一の語りの専門誌として67号と回を重ねました。会の創立40周年を迎えた昨年からは、明日の語りを担う子どもたちの育成に力を傾注し、若い母親と乳幼児をお話し好きにするワークショップ「おはなしごっこ012」も好評です。

また、再話研究ゼミでは、高齢化時代に対応する大人が楽しめる質の高いレパートリーの創造を試み、鑑賞に耐える作品が数多く生まれています。

毎年全国各地を巡って開催される全日本語りの祭りは、全国の語り手たちが集まる大イベントで、毎年11月に同時多発式に各地で開かれる「テラプレーション」とともに、語り手と聞き手が老幼男女を問わず心を開いて語りを楽しむ場として定着しています。

これからの社会がどれほどIT化されようとも肉声の語りが消滅することはないでしょう。むしろ人間性の拠り所としての語りへの求心力は高まって行くのでないでしょうか。語りとお話のこれからに私たちの未来はかかっていると言えるかもしれません。

（2019．7+8　第Ⅳ章 子どもの文化のこれまで・これから　お話と語り、これまでとこれから）

④文化としての「アニメ」と「マンガ」

「アニメ」と「マンガ」は国際語

ここ数年来、日本製のアニメーションとマンガが世界的に高い評価を得ています。

かつて「アニメ」と「マンガ」の海外進出が暴力とセックスに彩られた俗悪子ども文化の輸出による経済侵略であるとして、欧米やアジア諸国の非難の集中攻撃を受けていたことを思えば、隔世の感があります。

手塚治虫、藤子不二雄らを第一世代、宮崎駿、高畑勲らを第二世代とすれば、いま世界的に注目を集めているのは、第三世代に当る大友克洋、押井守、武内直子といった作家たちであり、「AKIRA」「MEMORIES」（大友）、「攻殻機動隊」（押井）、「セーラームーン」（武内）などの作品群は、先行世代の遺産を継承しつつ、テーマ、物語性、批評性、表現技法などの質を着実に高め、メディアとしての創造性と国際性を獲得しようとしています。

「アニメ」「マンガ」が、そのまま国際語として通用するようになったのは、これまでの通念を破って「アニメ」「マンガ」が、新しい表現を追求して質を高め、ヤングや大人にも楽しめる世界を開拓したこと、そしてそれが世界各国で支持され、ファン層を徐々に広げて来た成果といえます。

「AKIRA」のビデオは、欧米で三十万本以上が売れ、マンガ本も好調です。「平成狸合戦ぽんぽこ」と「紅の豚」の二作は、昨年、フランス・アヌシー国際アニメーションフェスティバルの長編部門で受賞し、「紅の豚」は、フランスの約三十の劇場で上映されました。「セーラームーン」は、アメリカのＣＡＴＶのネットワークで放映中です。

「ジャパニメーション」という単語が定着しているアメリカでは、百を超える「アニメ」と「マンガ」のファンクラブがあり、「オタク」と呼ばれるファンたちが購入したマンガ本、ビデオ、キャラクターグッズなどの売上は、94年度で６０００万ドルを超え、その後も記録を更新中とのことです。

アジア諸国は無論のこと、近年は中近東諸国にまでブームが広がりつつあり、日本が生み出した「マンガ」と「アニメ」は、世界的なスケールの文化として、成熟への一歩を着実に歩み始めているといえます。

文化はボーダーレスへ向かう

「マンガ」と「アニメ」の国際化を展望して気づくことは、文化は単に国境を越えるだけにとどまらず、世代という境界をも越えようとする指向性を持っているという事実です。

先行の本誌の特集「子どものうた・音楽」の拙稿で、子どもと大人の音楽の境界線が曖昧になってきていることについて触れましたが、「マンガ」「アニメ」についても同じような現象が進行中といえるでしょう。

このようなメルティング・シンドローム＝溶融現象は、たとえば暴力や性的なイメージが子どもに与える影響といった否定的な局面だけが誇張して議論されがちですが、作品の全体性、思想性、芸術性、時代性、批評性といった内容と質に向上と拡張をもたらすプラスの面、端的にいえば脱「お子さまランチ」効果＝作品の成熟があることも忘れてはなりません。

と同時に、大人の文化と子どもの文化が混ざり合うことを通して、大人は見失った始原性、純粋性、創造性、理想性といった子どもの持つ生命力を自らの内に再生させることが可能となるのです。

ネットワーク社会化で、文化の溶融現象はさらに進むでしょう。とすれば、この機会を前向きにとらえ、国境、世代につぐもう一つのボーダーである文化の作り手と受け手の間の境界を破って、両者が力を合わせ、文化の内容、質の向上と拡張に取り組むことが大切だと思うのです。

テクノロジーと伝統文化

近年のアジア諸国の経済面での目覚ましい抬頭は、豊かな伝統文化が息づく社会に先端技術をもたらし、そのギャップがさまざまな歪みを生み出しています。

テレビを買うお金のために娘を売春業者に売り渡すといった過去の悲しい事例もその一つですが、ことさらにマイナス面を取り上げるだけでは、いまアジアで起こっている大きな変化のうねりを見誤ることになるでしょう。

一九八五年から隔年ごとに広島で開催されている国際アニメーションフェスティバルは、特にアジア諸国との交流に力を入れてきましたが、この五年のアジアのアニメーションの質的な向上には、目を見張るものがあります。

これまでは、アニメーションの製作には、手作業の技とノウハウと膨大な時間、資金、労力が必要なため、蓄積のないアジア諸国がキャッチアップすることはほとんど不可能でしたが、コンピュータによってそれが可能となり、CG（コンピュータグラフィック）アニメーションの領域では、先進諸国に伍す質の高い作品が生み出されています。

昨年の第六回大会で私がコーディネーターを務めたシンポジウムに出席したタイ、インドネシア、マレーシアの三人のパネラーは、テクノロジーが自前のアニメーション製作を可能にしてくれ、そのアニメーションが教育や生活の向上に役立っていることを評価しつつも、アニメーションは、伝統文化を伝え、そこで生活している人々のアイデンティティを育むために奉仕すべきで、伝統を殺すものであってはならない。自国の豊かな文化や哲学をアニメ化して、自国の人々に誇りを持ってもらうとともに、外国にも発信して相互理解と平和へ寄与したいと口々に語ってくれました。一歩先を歩いている私たちへの警鐘として、謙虚に聞くべき言葉だと思います。

成熟期に入った「マンガ」と「アニメ」を本物の文化に熟成させる責任と役割は、子ども、ヤングを含めた私たち全員にあるといえるのではないでしょうか。

「マンガ」と「アニメ」のこれから

わが国の、特に子ども向けの「マンガ」と「アニメ」は、これからどうなっていくのでしょうか。去年、話題になった少年による「おやじ狩り」は、その背景にコミック、ビデオ、テレビ、ゲームなどが氾濫させている暴力情報の影響があるという識者の指摘がありますが、おそらくは、これからも二流のメディアによる質の悪い「マンガ」や「アニメ」は存在し続けるに違いありません。けれども、一度本物の作品に接した子どもたちは、質の高い作品を見る目を持ち、よりよい作品を求めようとするでしょう。

その要求に応えることが出来るかどうか、問題は大人の側にあります。もちろん、徐々にではあると思いますが、質の高い作品を生み出す作家が増えてくると私は信じています。

でも一抹の不安があるのは、「しかし、同時に大多数の人びとはこれまでどおり、いや、これまで以上かもしれませんが、美へのあこがれを、ほとんど飢えといえるほどのものをいだいています。ほんのひとかけらでも美があれば、それ以上うれしいことはないのではありませんか。大人より子どものほうにもっとそれが言えます。そして、美がおあずけにされると、その飢えをいやすために、子どもたちは代用品や代替品やキッチュに手をのばします」という、ドイツの作家ミヒャエル・エンデの指摘（エンデのメモ箱・田村都志夫訳・岩波書店）が現実になることです。そうならないように、お互い最善を尽くしたいと思うのです。

（1997．2　特集・今日のマンガ・アニメの動向）

⑤誤解から正しい理解へ——メディア・リテラシーのすすめ

誤解は不幸せの始まりか

必ずしもそうとはいえないのです。誤解から始まる幸せもあったりするのですから。たとえば、ワープロソフトの予想外の変換ミス。思わず笑ってしまい、しばし原稿作成の緊張感を吹き飛ばしてくれます。

「会いと嫉妬と謎解きと復習をめぐる計算に、彼自信もう空きを感じていた」

正しくは、会い→愛、復習→復讐、自信→自身、空き→飽き、なのですが、これはこれで変換ミスからいろいろなイメージが広がって行きませんか。

考えてみれば、私たち人間の歴史と日々の生活は、何かへの誤解と正解の集積といえるでしょう。言い換えれば、情報をどう読み解いてきたかの積み重ねがいまの私たちの存在、ということになります。

けれども、現実の社会では多くの場合、誤解は不幸に結びつきやすいといえますから、誤解しないことに越したことはありません。

テレビがやってきた日から

さて、ある日、テレビが茶の間にやってきて映像時代の幕が上がって間もなくの頃から、映像リテラシーの大切さがいわれるようになりました。literacy をあわてて辞書で引き、「読み書きのできること」（岩波英和辞典）という語意にキョトンとしたものでした。

「百聞は一見にしかず」とはいえ、目から入る映像情報もまた、言語や文章同様さまざまな受取り方ができ、一筋縄ではいきません。

にもかかわらず、自分の目で見たものはこうだと思い込みがちですから、作りものの世界を現実と混同したり、一方から映した一部の映像をそのまますべてと誤解したり、特に人生経験が浅い年少の子どもが判断を誤ってしまうことが往々にして起こります。リテラシー教育の必要性はここから出ています。

映像リテラシーとは、映像の持つ特性をきちんと理解した上で、目の前にある映像情報の意味するメッセージを理解し、必要な情報を取捨選択する能力と、映像を駆使してメッセージを自ら発信して他へ伝える能力のことを指します。

この能力があれば、必要とする情報を誤解することなく受取ることができるようになるとともに、映像を使って正しく伝えることができるようになります。

マルチメディア時代のリテラシー

身振り、触れ合い、音声、歌、絵画、言語、文字、映像…と、人間は歴史の歩みとともに、コミュニケーションの媒体＝メディアを多様化してきました。

絵画、文字からスタートした視覚メディアは、現代に入って電子技術によって飛躍的に発展し、複数のメディアを組み合わせてより精密により大量により高速に情報がやり取りできるマルチメディア時代を迎えました。そこでメディアについてのリテラシーが必要とされることになりました。

大人が新しいテクノロジーにたじろいでいるうちに子どもは新しい電子機器をまたたくまに使いこなすようになります。

ゲーム、ケイタイ、モバイルパソコン……インターネットによるデータ検索はむろんのこと、メール、チャットはお手のものです。

ところが、ハードにはめっぽう強い彼らにも泣き所があります。そのメディアの特性が隠し持っているプラスマイナスについてのリテラシーです。

たとえば、近年、少女買春などの犯罪が多発しているインターネットの「出会い系サイト」と呼ばれるサイバー（電脳）空間上の場を取り上げてみます。

「出会い系サイト」は、ほかのサイトやホームページ同様、現実の社会ではなかなか起こり得ない年齢、性別、職業などを問わずに見知らぬ人と気楽に知り合えるという、これまでにない新しいタイプのコミュニケーションの場となる可能性を持つものでした。

ところが、というか、狙い通りというか、あるリサーチ会社がネット上でアンケート調査したデータ（平成13年5月・全国の20～40代の男女5～8人）によると、42パーセントが「なんとなく興味があったから」、32パーセントが「メル友が欲しかったから」、15パーセントが「恋人が欲しかった」ため利用したといいます。

「出会い系サイト」のリテラシー

メディア論の若林幹夫・筑波大学助教授は、このサイトのメディアとしての特性を〈互いに遠く離れた者同士が、目に見える身体や耳に聞こえる声を持たず、パソコンや携帯電話のディスプレー上の文字を介して交流するという点で、私たちがこれまで知っていた他者との「出会い」よりもはるかに間接的で遠隔化されている〉とともに、〈メールを打ち込むというコミュニケーションのあり方は、互いの言葉がまるで「心の声」のように直接行き来しているような、限りない近さと親密さの感覚もまた、同時に生みもする〉と指摘しています（7月26日・聖教新聞）。

この特性こそまさに陥穽に他なりません。大人でさえ罠にとらえられるのですから、稀薄な人間関係の中で育って社会的な経験の浅い子どもたちが、ネット上で感じる〈限りない近さと親密さの感覚〉を本物の愛と誤解してしまうのも無理ないといえるでしょう。

ここで必要なリテラシー教育は、「出会い系サイトは怖いところ」と教えることではなく、「このメディアが、相手と自分の心の在りように錯覚や誤解を生み出しやすい特性を持っている」と教えることなのです。特性を学ぶことによって、子どもたちは「出会い系サイト」への批判的な視点を獲得します。

恐怖を教え込む教育はメディアに受け身で向き合う人間しか育てませんが、特性に気づかせる教育は特性を駆使してメディアに能動的に向き合い活用する人間を育てるといえるでしょう。

メディアは絶えず何かを刷り込もうとする

東京裁判で裁かれたA級戦犯の多くが、日清戦争下に「大和魂」のプロパガンダを刷り込まれて育った子どもだった、と日本近代文学の酒井敏・中京大学助教授が「メディアの中の日清戦争」

と題したエッセイ（8月13日・東京新聞夕刊）で興味深い指摘をしています。酒井氏によると、開戦当時、鳥井正英堂から刊行された『日清戦争画さがし』という子ども向けの絵本は、明確な意図を持った戦争宣伝本で、〈「膺てやらせや清国を」と始まる「討清軍歌」を巻頭に、三十景にまとめられた開戦までの経緯や戦争の経過を、絵に隠されたコップやチョウなどの器物を探し出すゲーム感覚でたどらせ、解説文と併せて読めば、日清戦争が、強い文明国・日本と弱い野蛮国・清との戦いに見えてくる仕掛けだ。このように敵、味方を分節することで、国民意識を植え付けようとしている点も見逃せない。言葉だけでなく、唱歌や絵など使える手段を総動員して戦争の大義を宣伝する本書のあり方は、そのまま当時のメディアが用いた戦略である〉と読み解いています。

当時のメディアによって「戦争の大義」を刷り込まれた子どもたちが長じて第二次大戦の指導者になったという歴史の教訓は、常にメディアを疑ってみるという大きな意味でのリテラシー教育の必要性を示しています。

メディア・リテラシー教育は、メディアへの批判的な姿勢を育むことによって、より大きく高度な世界認識獲得へと子どもたちを導く方法といえます。

テロや恐牛病など、私たちを不安と恐怖に陥れる情報が氾濫しています。根拠のない情報に振り回されることなく、事柄の本質を見極める情報を選択し、どう行動すれば良いかを判断する力となるのがメディア・リテラシーです。誤解や無理解から正解へと導くリテラシーというナビゲーターを上手に活用して押し寄せる情報の波を乗り切り、知識や情報を取捨選択する力を持ちたいものです。

（２００１・12　特集１誤解から正しい理解へ―メディアリテラシーのすすめ）

⑥人形劇の可能性を考える七つのアプローチ

ミッチ・カリンの「タイドランド」にみる子どもと人形の関係

子どもと人形の関係について考えさせられた小説があります。

一九六八年ニューメキシコ州に生まれ、ストーニー・ブルック短編小説賞など多くの受賞歴を持つアメリカの作家ミッチ・カリンの幻想的な作品『タイドランド』（金原瑞人訳角川書店２００４）です。『未来世紀ブラジル』の監督テリー・ギリアムによって映画化され話題になりました。

簡単に概略を紹介すると……。

ローズは11歳。ママが麻薬で急死したのをきっかけに、すっかり落ちぶれてしまったロックスターのパパとテキサスのグランマの家に向かっていた。スーツケースには、ママのネグリジェと古物商でただ同然に買った人形のばらばらなパーツ―クラシック、マジック、ジーンズ、スタイルのバービーの頭が4つ、腕が2本、胴体が1つ、足が6本入っていた。

死んだグランマの家は空家で、ヒメモロコシの原っぱの真ん中に建っていた。着くなりパパはヘロインを打つと椅子に座りこんだまま眠ってしまった。パパはいっかな起きそうにもない。

ローズとバービーたちが辺りの探検に出かけると、原っぱにひっくり返ったバスの残骸が転がっている。その時、黒づくめの服を着てメッシュのたれ布の付いた帽子をかぶった女の人に出会った。ローズは彼女を「幽霊女」と呼ぶことにする。

探検から帰ると、パパは眠ったままで、肌の色も変わりはじめ、嫌な匂いを発してた……。

こうして、父親は死に、ローズは4人のバービーたちと対話しながら生きてゆくことになります。デルという名の幽霊女はてんかんの発作持ちのディキンズという息子と近くに住んでおり、ローズの父親のかつての恋人でした。デルは死んだ恋人を永遠に独占しようと手際よく剥製にしてしまいます。ローズは仲良くなったディキンズから「近くの廃坑から集めたダイナマイトでいつか巨大なサメを爆破するんだ」と打ち明けられます。巨大なサメとは、近くを走っている列車のことのようです。

ある日、二人が遊んでいてキスをしているのを見たデルは激怒して二人を追い回します。ディキンズはてんかんを起こし、ローズは危うく逃げ延びます。ローズが剥製になったパパのそばで泣きながら寝入っていると、突然大爆発が起こりました。

外へ飛び出すと、脱線した列車が炎をあげて燃えています。「ディキンズ！ついにサメを爆破したのね」ローズがディキンズを探していると、事故を免れた乗客の女の人に抱き止められます。事故にあった家族を捜していると間違えられたのです。ローズは女の人に身を預けながら、蛍が何十もの瞬く閃光となって頭の上を泳いでいくのを見上げていました。

……この悪夢のようなブラックファンタジーの中で、頭部だけの四体のバービー人形が孤立無援のローズのサバイバルを支えます。

生きづらさを支える人形

ローズは、相次いだ両親の死と孤立した環境という厳しい現実の中で生き残るためには、精神的な支えとなる援助者（内なる自分と対峙する対話者）を必要としており、その相手としてバービー人形の四つの頭を選びました。

ローズが四体のバービーに与えた性格は、24人のビリーミリガンのように内なる自分の分身です。クラシックは、勇気があり、攻撃的で、判断力と行動力に富むローズであり、度胸のないマジック・カールは臆病なローズ、右目を誰かに刺されて失ったファッション・ジーンズは現実を直視することを拒否するローズ、額と目を黒インキのペンで落書きされたカット・アンド・スタイルはプライドと体面を傷つけられたローズの分身であるといえます。

物語の進行とともに四つの頭部だけのバービーがたどる運命は、ローズの置かれている状況とローズの心象を表象しています。

うさぎ穴に落ちて見失ったクラシックは、ローズがウサギ穴に落ちたアリス同様、異世界へ落下して現実を失ったことを象徴し、剥製となった父親の体内に閉じ込められたマジック・カールとファッション・ジーンズは、マイナスのスティグマを父親の死とともに封じ込めたことを意味するものでしょう。最後までローズと行動を共にしていてローズの指からデルに振り落とされるカット・アンド・スタイルは、デルに受容を拒否されたローズそのものです。こうして、四体のバービーは、すべての絆を失ったローズの現在を表わすように、物語のエンディングでは四体とも姿を消してしまっています。このローズと四つのバービーは、現代の子どもたちと人形との関係を鮮やかに描き出しているように思えます。

今も変わらない人形の役割

シュルツのマンガ『ピーナッツ』に登場する甘えん坊のライナスが抱えている毛布や、マレーク・ベロニカの絵本『ラチとらいおん』（福音館書店）のらいおん同様、人形は子どもと現実のはざまにあって、シェルターや楯の役割を担っていて、子どもを守り、勇気づけます。暗闇を怖がるラチを守っていたらいおんは、ラチが暗闇を怖がらなくなったとき、その役割を終えて姿を消します。

現代にあっては、固い人形よりも肌にやさしいぬいぐるみがその役割を担っており、人形は冬の時代に入ったと言われています。フリーランス・ライターの杉山由美子の「現代っ子の遊び方とつき合い方」（斎藤茂男編『子どもの世間』小学館・1996）にこんなレポートがあります。

「大人は、子どものほうが未来を先取りしている。まず社会の変化はリトマス紙のように子どもに現れると信じているが、そんなことはない。むしろ社会の変化が、子どもにも波及するのだ。たとえば、おままごとにしても、すっかり様変わりしてしまった。私は玩具業界を取材して、今最も落ち込みが激しいのが、着せ替え人形市場と聞いて、いささかショックを受けた。知育玩具ばやりで、ごっこ遊びがいっそうなおざりにされている状況に気づいてはいたが、子どもにとってごっこ遊びは万能感を高め、生きていく上での力になると思っていたから、ごっこ遊びの代表である人形遊びが消えつつあると聞いて、肌寒くなった。

しかし取材を進めていくうちに、ごっこ遊びはどうやら形を変えて生き残っているらしいことがわかった。着せ替え人形はコンビニのお姉さん人形に、ままごとセットはマクドナルドセットになっていたのだ。いまや公園で遊んだあと、若い母親たちはマクドナルドをはじめファーストフード店で一緒に食事するか、コンビニ弁当を買って帰る。そういう生活を反映して、子どものごっこ遊び道具も変化しているのだ。子どもたちはここでもたくましく、現実を映しかえながら遊んでいるらしい」

私の三歳の女の孫は、働くブーブーが大好きで、一台を自分が持ち、一台を私に持たせて、「おはなしごっこしよう」と誘い、「バスさんはどこに行くのですか?」「ばーばのおうちまで行きます」といったように、おはなしごっこが続き、ミニカーが人形のように使われています。

かつての人形は、いまは等身大のぬいぐるみとなって、ディズニーランドを始めとするテーマパークやイベント会場で子どもはむろんのこと、大人の人気もさらっていますし、ロボット犬アイボに始まったテクノロジーの先端を行くペットロボットも可愛さを競っています。近代に登場して大人の心をとらえたからくり人形の末裔は、「ピノキオ」や「コッペリア」や「ゴーレム」のように人間の夢であった人工生命を現実のものにしつつあります。

かつてままごとごっこやままごとセットを大がかりにしたヨーロッパの人形の家は、子どもたちに家事をシュミレーションさせながら、家庭経営、家政、家族関係といった生活感覚を養う役割を果たしていました。

子どもたちはごっこ遊びで、人や物と情緒的な交流をしながら細やかな気遣いや思いやり、愛情、感情表現、誇張して言えば人間や宇宙を学んでいたのです。それが現代にあっては、はたして十全に子どものニーズに応えていると言えるかどうか?人類の発生とともに現れたという人形が持つ呪術的な存在感を代替物が備えているかどうか?

個人的な愛着関係の中で生きていた具象物としての人形が、マスカルチャーのアイドルとしての着ぐるみキャラクターやフラットなアニメやグッズのキャラクターに変容したことで失われたものも大きいのではないか？それは、際限なく分割・分断されていく個の存在が個の豊かさの獲得へ向かうのではなく、個の抹殺へと向かっている社会状況を正確に反映しているといえるのではないでしょうか。

人形による子どもの発達支援

ご存じのイギリスの街頭人形劇の人気者「パンチとジュディ」は、暴力的なパフォーマンスのせいで教育的な評価はあまり高くありませんが、じつは、人形が子どもの発達支援に貢献している具体例でもあります。人間は大人も子どもも例外なく内に暴力性を秘めています。それを規範や法律や罰が抑えていますが、まだ社会性を身につけていない子どもや追いつめられた大人が、時折、暴走して世間を騒がせることになります。抑圧には、発散が必要で、パンチとジュディの暴力的なパフォーマンスは、観客の内なる暴力性を笑うことで解消させているといえます。常に良い子であることを求められている子どもは、自分でも気がつかない恒常的なストレスをため込んでいます。叱られた子どもがなにか物に当たって発散しようという衝動に駆られた時、しばしば身近な人形がその対象になりますが、人形に当たることは、自分を罰することの代償行為でもあります。現代の子どもに見られるリストカットなどの自傷行為は、自分以外のものによる代償行為の方法を持たないがために追いつめられた結果であり、幼子の災厄を身代わりになって引き受ける形代、天児、這子・婢子、流し雛、病気を肩代わりする疱瘡よけ人形などが果たしていた役割が、現代では人形のなかに形を変えて受け継がれているといえます。

乳幼児にとって人形は良きロールモデルでもあります。人形の言動によって自己の発達課題が可視化されることで、学習が容易になるのです。ＮＨＫ教育テレビで長い間人気が高かった人形劇番組「大きくなる子」はその典型例です。私自身、大学の付属幼稚園の協力を得て、人形遊びが幼児の社会性の獲得に果たす役割を調査研究したことがあります。園庭と教室をジオラマで再現し、そこに園服を着せた複数の人形を置いて、園児がどのように遊ぶかを観察したところ、園児たちは、その日、園庭と教室で展開された遊びやけんかを人形を使って再現しました。そして、再現された遊びには批判的な視点や反省的な視点が加えられていたのです。このことは、メンタルなカウンセリングにおける箱庭療法に似たような効果だと思われます。

幼児向けの人形劇の場面で、主人公が気づかないうちに後ろに悪役が迫ると、決まって「後ろにいるよ」とか「後ろ、後ろ」と主人公に教える声がかかって盛り上がります。悪との対峙場面では、「やっつけてー」とか「がんばれー」とか「まけるなよー」といった声が上がります。子どもたちは人形を応援することで、内なる正義感や勇気を奮い起こしているといえるでしょう。

けれども、伝統を継承しつつも、既成概念とペシミズムを打破しない限り、人形劇の未来はひらかれません。古典芸能が今日あるのも、絶えざる革新の積み重ねる勇気と実践があってのことです。

人形劇の再興を願う一人の試案として、以下のように、人形劇の可能性を広げる七つのアプローチを提言したいと思います。

〈提言1〉ヒトガタ・カタシロのアミニズム

人の形に似た木の幹や枝などを人に見立てたヒトガタや、神を祀るとき神に見立てたり、禊や払いを受ける人の代替物としたカタシロを生んだのは、万物に生命や魂が宿ると信じた原始信仰アミニズムです。人形の祖形であるヒトガタ・カタシロには、神仏や祖霊を敬う思い、現世的な幸せを祈願する思い、人を呪ったり祟りを払いたいという切なる願望が託されていました。人形がどんなにぼろぼろになっても、捨てたり粗末に扱うことを私たちは躊躇します。人々が人形に託してきたこうした思いと畏れは、現代人の心性にも残っています。このアミニズムの原点に帰って、人形劇の在り方を考えるアプローチです。

〈提言2〉 傀儡戯・夷まわしの祝祭的ミクロコスモス

中国に古くから伝わる傀儡戯は、市井の街頭に移動舞台を作り、幕を張った舞台の奈落で差し、串遣いで人形を操る庶民を対象としたものですし、16世紀に傀儡師が首掛け箱人形を遣って夷信仰を広めるために全国各地を歩いて演じた夷まわしも、ともに日常生活に非日常的な、ある種の猥雑で祝祭的な時空を現出させました。小舞台で演じられる人形劇は、人々をミクロコスモスの眩惑的な世界へと誘います。

集客公演からアウトリーチ（出張）公演へ、小舞台での表現の可能性を追求するアプローチです。

〈提言3〉 ワヤンの神話的宇宙

ワヤンは人形そのものを意味する言葉で、インドネシアでは誕生祝い、割礼、結婚といった慶事に、悪霊を払い、祖霊による加護を得るために、ダラン（演者の一座）を招いて行われるインド渡来の大叙事詩ラーマーヤーナとマハーバーラタを素材にした神話的で壮大な物語世界を持つ大掛かりな影絵劇です。

日没の8時半ころから始まり、夜が明けるまで8時間近く夜を徹して演じられます。外に開かれた室内に設けられた大きなスクリーンをはさんで、映し出される影によるドラマを見る招待客側と、ガムラン奏者とともに極彩色の人形劇を見る主催者側の二つの空間が用意されます。招待客には食事が供され、観客はお腹がすけば席を立って食事に行き、眠くなれば横になり、一服したければ勝手に休憩します。出入りはもちろん勝手放題。演奏家にも居眠りしている人もいます。風のそよぎ、家畜や鳥の鳴き声、自動車や列車の音……そこには、ざわざわする中で、観客は舞台に縛りつけられずに、自らの魂と向き合い対話する自由があります。

わが国におけるワヤンの第一人者松本亮は、「ワヤンは宇宙のざわめきを手いっぱいとりこんで上演される。夜闇の上天にある祖霊たち、まだ死にきれずに中空に浮かんでいる亡霊、さらには生まれる時を待って大地の底にうごめく未来の嬰児たちの魂も参加しているのだ」と述べています。

壮大な神話的世界を宇宙的な舞台で演じる、現代的な時間感覚を超えたワヤンのスケールの大きさが語られています。

〈提言4〉ハンス・ベルメールのエロス的ファンタジー

ベルメールの人形をモチーフとした立体作品やデッサンは、両性具有的な不思議なエロス的ファンタジーに見る者を誘います。エロスとタナトスは、生と死のはざまに生きる人間の深層心理を映し出すものであり、根源的な欲望の表出でもあります。人形は、そうした私たちの潜在意識下の欲望とファンタジーを喚起するエロス的存在です。何故なら、人形の造形にあっては、たとえば、巨大な頭部と卑小な下半身というようなバランスを破った人体であるとか、手足などのパーツをあるべき場所とは異なった場所に組み合わせる等、自由であり、そのこと自体がイメージを刺激してファンタジーをもたらすからです。

ポール・デルヴォ、フィニー、マグリット、ダリ、ゾンネンシュターン、バルテュス等の現代絵画の巨匠たちからも多くのヒントが得られますし、野菜や果物で人物画を構成したアーチンボルトやトロンプルイユ（だまし絵・ひずみ絵）のホルバインやファン・アイク等のルネサンス期の絵画の世界も応用できるでしょう。

絵画、立体作品などの美術との融合を進める可能性を持つアプローチです。

〈提言5〉ブラザーズ・クエイのマイクロサイボーグ的ムーブメント

映像作品「ストリート・オブ・クロコダイル」「失われた解剖模型のリハーサル」で知られるイギリスのクエイ兄弟の世界は、腕時計のメカニズムのような微細なメカと顕微鏡的に拡大あるいは縮小された時間の中でのサイボーグ的な動きにより、シュールでスタティックでかつ未来的なメタファーに彩られています。

人形の操作と動きの革新を目指すアプローチです。

〈提言6〉ヤン・シュワンクマイエルの博物学的マニエリズム

ヤンの世界は、「夢と残酷」の記録の集積です。代表作の『自然の歴史』は、剥製の動物、昆虫、魚介類が図鑑のように並び、かつ動いて死と生の対比が鮮やかに描き出されます。『部屋』の不条理な残酷さ、『闇・光・闇』の苦いヒューモア、『陥し穴と振り子』の殺人機械の不気味さ…いずれも悪夢の博物学的なコレクションと言え、チェコの土俗的なマニエリズムは忘れようとしてきた前近代性な人間臭さを蘇らせます。

人形の持つおどろおどろしい世界へのアプローチです。

〈提言7〉サイバネティックSFの黙示録的時空

アメリカの文学者パトリック・S・ウォリックは、1930年代から1970年代に書かれた225のSF作品を分析した結果、これらの作品のパターンが人間と機械知能の関係のメタファーになっており、そこで描かれている世界が、単純なものから複雑なものへ、楽観的なものから悲観的なものへと移り変わる過程で、人間の創造行為に対する初期の楽観的な見方は、やがて機械が人間を圧倒し､非人間化していくという破壊的なメタファーにとって代わられていくが、少数ながら、人と機械が共生して、人間が物質とエネルギーと情報を統合し、明るい未来を描いたものもある、としています。

ウォリックは、将来そうなるかもしれない未来、どこかに存在するかもしれない別世界、ひょっとしてそうだったかもしれない過去を、科学的な信憑性のもとに描くのがSFであるとし、人間の想像力への非常に大きな挑戦であるとします。空間と時間に関するこれまでのエポックメーキングな発明、発見も、こうした想像力なくしてはあり得なかったのです。アイザック・アシモフやフィリップ・K・ディックの優れたSFが示す黙示録的な時空を人形によって描き出すアプローチは、未来へと開かれた思弁（スペキュレーション）を生み出す可能性を秘めています。

以上述べた七つのアプローチ、そしてそれらを融合させようとする営為が、人形劇の置かれている閉塞的な状況を打ち破り、新しい創造的な世界の創出に繋がることを願い、実験的な舞台と人形の制作と試演を、メディアのジャンルを超えて行うことを提案して、この試論を終えることにします。

（本原稿は、２００９年に行われた21世紀人形劇会議 in 西宮での講演を再録したものです）

（２０１２．７+８　人形劇の可能性を考える七つのアプローチ）

⑦心を揺るがすもの──歌が心身に及ぼす影響

生きる力と歌

生きる力と歌について考えを巡らしていたある朝、新聞を開いたら「生きる力生み出す歌」というそのものずばりの大見出しが踊っていた。「88歳のラッパー誕生」というサブタイトルがついたその記事は、大要、次のようなものだった。

話題の主は、東日本大震災で被災した仙台市の藤沢匠子さん。単身で仮設住宅に入居していたが、面倒見の良さが人を集め、口癖の「俺の人生、なかなかすごいべ」を聞いた現代アート作家の門脇篤さんが、藤沢さんの波乱万丈の人生を歌詞にして曲を書き、二人で歌って、「ユーチューブ」にアップ。「必ず泣ける名曲」と評判になり、CDにもなった。

♪青春時代は戦争だった。月謝払って弾丸作った…

こう歌い始める藤沢さんは、昭和3年（1928）仙台市に生まれ太平洋戦争を生き抜き、19歳で駆け落ち結婚。5年後に夫は二人の子どもを残して病死。昭和25年のヘレン台風で広瀬川が氾濫して自宅も流された。女手一つで育て上げた長男は、立ち上げた板金会社が軌道に乗りかけたころ、脳血栓で半身不随に。長女も白血病で倒れ、藤沢さんは75歳まで働きながら看病を続けて、83歳になった5年前、再び家を失った。まさに波乱万丈の人生だった。それでも藤沢さんは歌う。

♪あれ考えればなんでもない。どんなことだって乗り越えていける。

くよくよしてても文句を言ったらそこで終わりだ…

この記事を書いた坂本充孝東京新聞福島特別支局長は、「被災者は、最初は衣食住を求める。だが次に必要とするのは心のよりどころだ。〝遊び〟〝美術〟〝音楽〟〝ふれあい〟などが過酷な体験に打ち勝ち、明日に生きる力を生み出す。…（中略）…被災地であったお年寄りたちは驚くほどに明るくて強い。百人いれば、百人のTatsuko★88（藤沢さんのラッパー名）がいて、きょうも心の中で歌っているんだろう。どんなことでも乗り越えていける…」とレポートを締めくくっている（1）。

思い出してほしい。人生のどこかで出会った大小の困難な局面で落ち込んだとき、歌に支えられ、励まされて乗り越えた経験を。歌（あるいは音楽）からもらった元気や勇気や希望を。そして、考えてみよう、その力がどこからやって来たのかを。

記憶に残っている子ども時代の歌

身近な大人たちに聞いてみた。

・**A**（70代女性・元編集者）父親がクリスチャンだったので、讃美歌を覚えている。岩波文庫の日本唱歌集や「みんなのうた」の歌をかたっぱしから歌っていた。1980年代に「おどるポンポコリン」を聞いて明るさと楽しさに驚いた。大人になっては、ポルトガルのファドが好きでよく聞く。タップダンスを踊っている。

・**B**（70代・映画関係者）鎌倉大町育ちのせいか「浜辺の歌」を思い出す。元気が出る歌といえば、「鉄腕アトム」かな。

・**C**（50代・保育園園長・男性）唱歌をよく歌った。「浜辺の歌」「隅田川」「ふるさと」とか。「みんなのうた」の「切手のないおくりもの」「グリーングリーン」。「小さな木の実」は淋しかったことを思い出す。元気が出る歌は、「手のひらを太陽に」とか、中高生で歌った「大地讃頌」、「トトロのうた」これはもう大人になってからかな。別れのシーズンに歌った「今日の日はさようなら」「贈る言葉」。一青窈の「ハナミズキ」も忘れられない。

・**D**（40代・保育士・女性）「月の砂漠」「思い出のアルバム」「ケセラセラ」「キャンプソング」「翼をください」。ゆずやいきものがかりの歌。「勇気100％」は子どもたちと歌います。

・**E**（60代・保育園園長・男性）「線路は続くよどこまでも」「はしれちょうとっきゅう」「おじいさんの古時計」「アイスクリームのうた」「アイアイ」。元気が出るのは、「歩こう歩こう」「虹の向こうに」「101匹ワンちゃんの行進曲」「ドレミ のうた」、キャンプソングの「がんがん」。今の子どもたちと歌うのは、ドラえもんの「夢をかなえて」とか、ディズニー映画の「ズートピア」の歌かな。

筆者自身（80代）でいえば、小学生のころ、母親がギターを弾きながら一緒に歌ってくれた〝Row, row, row your boat〟だ。今でも英語の歌詞を暗記している。長じてこの歌が「マザーグース」の一曲であることと、詩の内容に深い意味が込められていたことを知った。訳詞を紹介すると、

♪ボートを漕ごう　そっと流れに乗って
陽気に楽しく　人生はただの夢
Life is but a dream. まさに夢のように過ぎていこうとしている。戦時下の子ども時代には、「露営の歌」「空の神兵」「加藤隼戦闘隊」といった戦歌も歌った。無意識のうちに小さな胸の中で戦意や敵への憎悪を募らせていた。軍国主義下の元気や生きる力とは、国のために喜んで命をささげるためのものだったのだ。

中国からの引き上げ船の中で聞いた元特攻隊員の船員さんが歌った「同期の桜」は、70年を経た今も記憶に鮮明に焼きついている。

子ども時代の記憶に残っている歌は、たとえ同じ歌であったとしても、人それぞれの記憶に焼

きついた理由は、一つとして同じものはない。

歌が心身に及ぼす影響――その1「言葉」

手近な岩波国語辞典によると、「うた＝声に節をつけて歌う言葉。童謡・歌謡曲・民謡・俗曲など、すべて旋律をなすものを言う」とある。この簡潔な定義にならって、言葉と旋律の二つの面から、歌が私たちの心身に影響をもたらすメカニズムに迫ってみたい。

歌の成立の過程をみると、まず、伝えたい思いがあり、その思いを言葉にした歌詞が作られる。歌詞は、思いを他者にも見える化する営みの成果、思いが可視化されたものといえよう。次いで、歌詞の思いに寄り添って旋律が立ち上がり、歌となる。ただし、前項で子ども時代の記憶として挙げられた「小さな木の実」は、ビゼーの管弦楽組曲「美しきベルトの娘」の1曲に歌詞をつけたもので、外国の歌に訳詞をつけた歌とともに、旋律が先にあって歌が生まれるケースもあるが、基本的には言葉が旋律に先行する。

インターネット上に、「つらい苦しい時に頑張れる元気が出るおすすめ歌ランキング」(2)というサイトがあり、その5位に、子どもたちにも人気が高いコブクロの「YELL～エール～」(作詞・小渕健太郎)がノミネートされている。寄せられているコメントにこうある。

「この歌のメッセージ「つらい時期を耐えれば、花は咲く」。きっと誰の人生にも、どんな人生にもつらい時期というものはあります。…（中略）…ただ人はつらい時期を迎えたとき、なかなかいつかこの苦労が報われるのだと信じられないものです。そうして途中で諦めたり、くじけたりしてしまいそうになります。そもそもここまで歩んできた道のり、選択がまちがっていたのではないかと思ってしまうこともあります。そんな心を励ましてくれるのが、この「YELL～エール～」という歌です。

♪どんなに小さなつぼみでも　凍える冬を超えればほら
春が来るたびに鮮やかな花が咲くのだから
あなたが今日まで歩いていた　この道まちがいはないから
春には大きな　君が花になれ

自分に言い聞かせたい言葉が歌詞になっていて、聞いているうちに励まされます。自分の人生を信じる勇気が湧いてくるようです。…（中略）…困難に立ち向かい、戦っている自分は誇り高い勇者です。みんなそれぞれ自分の人生では、自分が主人公であり、勇者なのです。この困難な状況は、すべてが過ぎて未来から見たら転換期だったのかもしれません。あの時があったから、今の自分があるって思える未来が必ず来ます」
と、自己肯定感が持てずにいる人たちに励ましのエールを贈っている。

ちなみに、第4位は、自分の未来にドキドキしたり、ワクワクしたりする気持ちを忘れちゃいけないと歌う、THE BLUE HEARTSの「情熱の薔薇」、第3位は、動き出さないと何も始まらないとメッセージするSURFACEの「なにしてんの」第2位は、自分を好きでいられたら、それでええねんと語りかけるウルフルズの「ええねん」、ランキング1位は、あと少しの頑張りで、努力はきっと報われると励ますFUNKY MONKEY BABYSの「あとひとつ」で、いずれも日常の使い慣れた言葉を、カジュアルな旋律に乗せて歌いかけている。

ＮＨＫのアニメ「忍たま乱太郎」のテーマソングとして20年以上歌われ続け、幅広い子どもたちに支持されている「勇気１００％」（松井五郎作詞・馬飼野康二作曲）の歌詞は、

♪がっかりして　めそめそして　どうしたんだい
　太陽みたいに笑う　きみはどこだい

と、一人称で親しげに問いかけ、心をしっかりとつかんでおいて、励ましと連帯の言葉を投げかける。

♪やりたいことやったもん勝ち　青春なら
　つらいときはいつだって　そばにいるから

抒情詩や叙事詩にはない語り口が際立つ。

♪そうさ１００％勇気　もうがんばるしかないさ

「さあ」ではなく、「もう」。「がんばろう」ではなく、「がんばるしかないさ」という断言調の繰り返しが切迫感と緊張感を盛り上げ、いつの間にか部活の先輩後輩の関係性でおなじみのマインドコントロールの世界に引き込まれる。

「どうしたんだい」と呼び掛けているのは誰なのか？ 他者なのか？自我なのか？おそらくこの歌に限らず、歌から元気をもらっている子どもたちは、もしかしたら大人も含めて、そうした理性的な判断を放棄した心的状況下で、歌詞のメッセージを聞き、あるいは歌っているのではないか。

いや、そもそも歌は感性に働きかけるメディアであって、初めから理性的な判断とは無縁のものではないか。戦時下で戦意高揚のために歌が果たした役割を省みれば、明らかではないか。

こう考えてくると、言葉は理性や悟性に働きかけるだけでなく、感性や情動にも働きかけているという、ごく当たり前のことに行き着く。作詞家はこうした言葉の機能を熟知していて、人の心を動かす歌詞を作り出す。作曲家はその歌詞に触発されて、歌詞の世界を旋律に置き換えて行く。言葉と旋律のコラボレーションが人の心を揺るがす。

宗教・国家・政治・教育・経済・文化・労働・産育・娯楽・コミュニケーション……人間活動のあらゆる場面で、歌がもたらす影響力はさまざまな目的で多用されてきた。誰もが日常的に経験しているのは、コマーシャルソングの威力だろう。意識するしないにかかわらず、求めている何かを持っている人の背中を押すのはたやすい。一歩踏み出すきっかけを与える巧みに編み出された言葉をかければよい。元気が出る歌、生きる力を呼び起こす歌の歌詞も例外ではないだろう。

歌が心身に及ぼす影響——その2「旋律」

心理学に、「精神的回復力」「抵抗力」「復元力」「耐久力」などの概念を示すレジリエンス（resilience）という用語がある。「自発的回復力」ともいい、その反対概念は「脆弱性」という。

心理学からアプローチした「生きる力」の概念規定ではあるが、それらの力は身体の状況と表裏一体であることも忘れてはなるまい。

では、心身に歌の「旋律」は、どのように作用するのか？

くらしき作陽大学・短期大学の研究紀要に広畑智恵子（旭川荘旭川児童院）と伊藤智（作陽大学准教授・音楽療法）が寄せた「音楽聴取が心身に及ぼす影響について——「3種類の音楽」比較による」と題した論文（3）を参照しながら考察をすすめてみよう。

論文執筆者は、

「好み」というのは、人それぞれ千差万別である。その人の生まれた国、文化、年齢、性別などをはじめとして各個人によって異なるのである。また、その時の気分や環境によっても大きく左右される。普段はアップテンポで元気な曲が好きであっても、落ち込んでいる時はスローテンポの静かな曲を好むかもしれない。また、嫌いな曲をライブで聴いて素晴らしいと感じるような場合も起こり得る。このように人によって求められる音楽が異なるにかかわらず、多くの人が「癒しの音楽」といったような共通のものに安らぎを求めている点に疑問を感じたことから、学生を対象に、ボディソニック（体感音響振動装置）を用いて、音楽聴取前後の脈拍数・血圧値の測定と、アメリカで開発された気分プロフィール検査（Profile of Mood States = POMS）の評価を行って、①クラシック音楽、②癒しの音楽、③好みの音楽が心身に及ぼす影響について調査した。

評価尺度に用いられたPOMSは、「緊張―不安」、「抑うつ―落ち込み」、「怒り―敵意」、「活気」、「疲労」、「混乱」の六つの気分について5段階の評価が示される。

測定に用いられた楽曲は、①クラシック＝ショパン「別れの曲」、②癒し＝究極の眠れるCDから「深き眠りへ…Part1」、③好み＝被験者の好きな曲、の3曲であった。実験の進め方と結果の詳細は論文を参照していただくとして、結果を「考察」から一部引用する。

「クラシック音楽」、「癒しの音楽」、「好みの音楽」の3種類の音楽によるそれぞれの音楽介入後に、「緊張―不安」、「抑うつ―落ち込み」、「怒り―敵意」、「疲労」、「混乱」の五つの尺度で有意な低下が認められた。…（中略）…また、「3種類の音楽」の音楽聴取の中で、最も多くの尺度に有意な低下が認められたのは、「好みの音楽」であった。「抑うつ―落ち込み」、「疲労」、「混乱」の三つの尺度において最も有意な低下が認められた。…（中略）なお、「クラッシック音楽」と「癒しの音楽」の音楽聴取において「活気」が減少したにもかかわらず、「好みの音楽」の音楽聴取で、「活気」が明らかに増加したことは注目すべき点である。これは、自分の好きな曲を聴くことによって活力が増加すると同時に、ネガティブな気分が軽減させられたと考えられる。これらの結果から、「好みの音楽」の音楽聴取は3種類の音楽の中で、最も「自信喪失感を伴った抑うつ感」を賦活させ、「元気さ、躍動感、活力」を増加させ、「意欲減退、活力低下などの疲労感」を軽減させ、「混乱」を少なくし、「思考力や集中力」を改善させると考えられる。……（後略）

これまでの研究では、呼吸、脈拍、血圧、GSR（皮膚電気抵抗）など、音楽の生理学的影響についての研究は多くなされているが、その成果には統一的見解が認められていない。永田は「音楽療法の生理学的研究と心身医学における応用」の中で、「このような領域の研究に際しては、母集団の特性についての吟味が重要な問題になる」と述べている。そして永田は、血圧の特性を指標にし、最高血圧の高い群、標準的な群、低い群の3群に分けて検討を行ない、音楽の生理学的影響とは「生体をホメオスタシス(4)（外部の環境が変わっても生命を維持しようとする恒常性）に向かわせる

効果（向ホメオスタシス効果）」と「生体をリラクゼーションに向かわせる効果」であると結論づけている。〉（5）

生きる力は、まさにホメオスタシスへ向かおうとする力に他ならない。

この広畑と伊藤の研究結果は、歌もまた音楽の一ジャンルであることから、歌が心身に及ぼす影響にも援用出来よう。とすれば、前出の「つらい苦しい時に頑張れる元気が出るおすすめランキング」に登場する歌や、インタビューで挙げられた「鉄腕アトム」、「手のひらを太陽に」、「勇気100％」などが子どもを含め多くの人々に愛される「好みの音楽」であることから、生理的にもプラスの影響をもたらしていることが証されるといえよう。

いま、なぜ「生きる力」なのか

「生きる力」が求められている背景には、子どもにも親にも今の社会が生きにくいという厳しい状況がある。本来、「生きる力」は生まれながらに備わっているはずなのに、その力を遥かに上回るプレッシャーがのしかかって、個を押しつぶさんばかりだ。家庭機能の崩壊によって基本的信頼関係が未形成のまま育ち、育児放棄、虐待、ＤＶ、貧困という環境の中で人間不信になり、コミュニケーション不全からいじめ、登校拒否、引きこもり、問題行動への道を歩む例も少なくない。豊かさのひずみや親の過度な干渉が「生きる力」を奪う例もある。

島田妙子の「elove smile ～いい愛の笑顔を～」(第16回日本自費出版文化賞受賞 Parade Press)には、「生きる力」と歌の関係について考えさせられるエピソードが書かれている。島田さんが小学3年生の時の出来事だ。

「『もう、あかん……』もう死ぬかと思った瞬間に、不思議なんですが、『これで、お父ちゃんはもう虐待をしなくていいんや……』って思ったんです。これは、その後に感じたのかもしれないけれど、自分が死ぬとか、これでおわるというよりは、これでお父ちゃんを助けられる……って感じたのです。お風呂の外で小兄の泣き叫ぶ声がなんとなく、遠くで聞こえていたような気がしたが、私はあんまりはっきりした意識がなかった。継母が『あかんで、それ以上やったらあかんで』って父を止めたそうだ。私は、ただただ咽て…咳き込んで…疲れ果てて…。ふと見ると、風呂の湯で濡れているのかどうなのか、父が泣いているように見えた。いいえ……お父ちゃんは確かに泣いていた。私には解るのです。だって、本当はお父ちゃんのことが大好きやったから……。そして、次の日、私と小兄は、大兄にも見つからないように家を出たのです。小兄とその時に歌った歌

♪ある日パパとふたりで　語り合ったさ
この世に生きる喜び　そして悲しみのことを

グリーングリーン　青空には　小鳥が歌い
グリーングリーン　丘の上には　ララ　緑が燃える
（片岡輝作詞「グリーングリーン」以下7番までの歌詞が続く）〉（5）

島田さんは、それからの厳しい試練や苦難を生き抜く力をこの歌から得たという。島田さんはいま、子どもたちが幸せな思い出を残せるように園児と親に「想い出のアルバム」という名のDVDを制作する会社を経営するとともに、兵庫県児童虐待等専門アドバイザーとして活躍している。3児の母親でもある。「親子の再生までを視野に入れ、「限られた時間の人生の中で、自分の感情に振り回されずに生きてもらいたい」という気持ちでアンガーマネージメント（怒りのコントロール）のファシリテーターとして、全国で強い怒りやネガティブな感情で苦しむ人達を救っていこうと活動しています」と語っている。（6）

歌と音楽が、様々な困難や逆境に向き合って疲弊している子どもや大人のレジリエンスとなることを切に願いたい。

註

（1）２０１６年9月20日 東京新聞「３・11後を生きる」

（2）つらい苦しい時に頑張れる元気が出るおすすめ歌ランキング
http://iiiyashi.com/029/

（3）広畑智恵子・伊藤智『音楽聴取が心身に及ぼす影響について―「３種類の音楽」比較による』（くらしき作陽大学・短期大学研究紀要第39巻第1号２００６年）

（4）心理学用語 サイコタム ホメオスタシス
http://psychoterm.jp/basic/perception/01.html

（5）アメリカのフォークソンググループ「ニュー・クリスティ・ミンストレルズ」がうたう「グリーングリーン」のメロディに片岡輝がオリジナルの日本語の歌詞をつけた。

（6）島田妙子トークライブ「子育ての困難を乗り超えて」（「子どもの文化」２０１６年6月号）

（研究　子どもの文化　２０１６．４　8巻11号）

第3章

子どもとは
—物語を生きる

※この章は月刊『子どもの文化』より再掲載

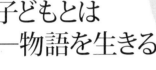

①甘やかしと愛情

甘やかしと愛情の谷間で

子どもに愛情をそそぐことに異議を申し立てる人はおそらくいないに違いありません。でも、甘やかしとなると、大いに結構、いや害あって益なし、等々、賛否両論、議論百出です。

そもそも甘やかしと愛情のあいだに境界線を引くことが必要なのでしょうか？

一歩譲って必要があるしても、それは、はたして可能なのでしょうか？

まず、頭に浮かんだのが、中勘助の小説『銀の匙』です。この作品では、難産の末、ひよわに生まれ、ずっと大きくなるまで虚弱のため神経過敏で三日にあげず頭痛に悩まされる「私」に限りない愛情をそそいで育ててくれた伯母との至福と言える子ども時代が描かれています。

〈私は家のなかはともかく一足でも外へでるときには必ず伯母さんの背中にかじりついていたが、伯母さんのほうでも腰が痛いの腕がしびれるのとこぼしながらやっぱしはなすのがいやだったのであろう。五つぐらいまではほとんど土のうえへおりたことがないくらいで、帯を結びなおすときやなにかにどうかして背中からおろされるとなんだか地べたがぐらぐらするような気がし

て一生懸命袂のさきにへばりついていなければならなかった〉
五歳といえば年長組、今では考えられない甘やかしぶりです。「私」は伯母さんの庇護の下で近所の腕白と触れあうこともなく、伯母さんを相手にしてサムライの合戦遊びをし、栄養物を食べた時にはご褒美を買ってもらい、夜、暗闇を怖がれば「なににもおれせん」と行灯で天井を照らして安心させてもらった上で、「夜なかにこわかったら呼ばらんしょ」といって寝かしつけてもらい、百人一首を教わり、縁日でほしいものを見つけても口がきけない「私」に代わってあれかこれかと尋ねてくれるといった日々を過ごし、九つ十になると、遊び仲間によさそうなおとなしい女の子を探してくれるのでした。
今日の基準から見るとこうした伯母さんの「私」への関わり方は、問題だらけの過保護で過剰な愛情のかけ方であって、甘やかしの典型として批判の対象となるでしょう。しかし、一方で肉親のわが子さえ放置して餓死させたり、虐待したりする時代にあっては、伯母さんの無垢で純粋な愛の在り方が懐かしくも貴重なものとして輝いて見えます。伯母さんの気持ちに寄り添えば、可愛い甥への愛情は自然にほとばしるもので、どこからが甘やかしになるかなどとは思ってもみなかったに違いありません。アメリカのある心理学者の言う「子どもに愛が必要だから愛するのではなく、愛したいから愛するのだ」という心情だったのでしょう。
やがて伯母さんっ子である「私」にも転機がやってきます。「私」は、学校でも家庭でもみそっかすの落ちこぼれですが、ある日お隣りに越してきて同級生になった女の子に「びりっこけなんぞと遊ばない」といわれ、加えて家族に「これまでのようではとても及第がさせられないから今度の試験にはもうすこし気をつけてもらいたい」と先生から注意があったと聞いて、わっと泣き出し、面目のなさをいちどきに感じます。伯母さんはもらい泣きしながらも「私」を励まし、姉たちも勉強の手伝いをしてくれます。「私」は、ごほうびのお菓子やなにかでだまされだまされながらも、次第に勉強の面白さに気づいて自信もつき、次の学期には二番になります。

〈私は急に知恵がついてなにかひと皮ぬいだように世界が新しく明るくなると同時に、ひよわかったからだがめきめきと達者になり、相撲、旗とり、なにをやってもいちばん強い二、三人のなかにはいるようになった〉

「私」はガキ大将になり、女の子の白馬の騎士になるまでに逞しくなったのでした。

この物語が発表されたのは、大正元年、今からほぼ一世紀前ものことで、描かれている世界はさらに二十年ほども前の明治時代のものですから、現代とはまるで別世界のようです。その頃は親戚が同居している家庭はどこにでも見られましたから、伯母さんに育てられる「私」のような子どもも珍しくはありませんでした。でも家庭の在り方や子育ての仕方は違っていても、子どもに愛情をそそぐ大人の存在が子どもにとって欠かせないことは、昔も今も変わりませんし、江戸時代から伝わる子育ての家訓の中や「おばあちゃんっ子は三文安い」といった箴言に、甘やかしを諌める記述を読むことも出来ます。おそらく今の時代との大きな違いは、「私」の伯母さんの愛情の注ぎ方を認め、「私」の成長を長い目で見守る周囲の寛容さの有無ではないでしょうか。

甘やかしの功罪

私事について述べることをお許しいただきたいのですが、私の両親は世間的な基準から見れば、大層甘い親でした。父親のコレクションの貴重なレコードを割ったときも叱られたという記憶はありませんし、外出先からタクシーで帰ってきて自宅に着いても「もっと乗るー」と降りたがらない私のわがままを聞いて、もう一回りしてくるような甘やかしぶりでした。母親から強く叱られた記憶もありません。

そんな私たち兄弟にとって忘れられない出来事があります。私が小学二年生、弟が五歳だったころ、二人で何をしでかしたのかはもう覚えていませんが、二人がしたことに対して母親が泣いて諌めたことがありました。母親の泣く姿に私たちは大変なショックを受け、幼な心にも深い罪悪感に苛まれました。振り返ってみると、その時を機に二人の内面に「母親を泣かせるようなことはしてはいけない」という規範が確立したのでした。

甘やかしの最大の罪は、甘やかしが子どもをスポイルすることにあるといわれます。スポイルという英語は、辞書によると、①（物事を）だめにする、腐らせる、台無しにする。②（子どもなどを）甘やかしてだめにする、過度に保護する、増長させる、特別扱いする、とあります。

しかし、甘やかしが必ずしも子どもをスポイルするとは限りません。甘やかしというかたちの親の愛情表現を身に受けて、その愛情をエネルギーにして親の保護地から飛び立つ子どももいるのです。問題はむしろ甘やかしを知らずに育った子どもが愛情不足によって人間への基本的信頼感を身につけることが出来ないまま育って人間不信を内に抱え込んでしまうことの恐ろしさです。虐待の後遺症に悩み、心を病むケースのように甘えることを知らないで大人になった人の孤独感ほど悲惨なものはありません。幼い時期の子どもにとって愛情のシャワーとしての甘やかしは、親との絆の形成と自尊感情を育てる基盤としてなくてはならないものだと私は考えます。

子どもが変わる時

子どものからだとこころの発達は瞬時も休むことなく進んで行きますが、成長による目に見える変化は、あたかもある日階段を一段スキップして昇れるようになったかのように突然に現れます。というより突然の変化に私たちが子どもの成長に気づくといった方がいいのかも知れません。

では、突然の変化はどのような契機でやってくるのでしょうか。

文化社会学・教育社会学・コミュニケーション論専攻の亀山佳明竜谷大学教授は、その著『子どもと悪の人間学─子どもの再発見のために』（以文社・2001）の中で、ポーランドの作家イェジ・アンジェイエフスキーの作品『金いろの狐』（米川和夫訳・筑摩世界文学大系87所収・1975）のストーリーを引用して子どもの自己変容について次のように述べています。

間もなく6歳になる少年のウーカシュが一人で留守番をしていたある秋の日の夕刻、ウーカシュは金色の毛に包まれた不思議な狐に出会い、一目で魅了されてしまいます。「大事な大事なぼくの狐。大好きな狐。ああ、逃げないで、後生だから、ね、残っていておくれ」願いが通じたのか、狐は子ども部屋のクローゼットの中に住み着きます。両親や兄にはこの狐を見ることが出来ません。狐がやってきて以来、ウーカシュは不安という不安を一切忘れてしまったばかりか、限りなく幸福な気持ちに包まれます。

そんなウーカシュの挙動を不審に思った母親に問いただされて、ウーカシュは狐の秘密を告白します。母親には理解してもらえたと信じていたウーカシュは、母親が父親に狐の存在は「ウーカシュの気まぐれな夢想にしか過ぎない」と告げているのを立ち聞きしてしまいます。ショックを受けたウーカシュは狐との交流を心の内に秘め、狐など存在しないかのようにふるまいます。するとと、もつれていた家族との関係が以前のように上手くいくようになりました。気がつくと狐はいつの間にか姿を消していたのでした。

〈「金いろの狐など一度も見たことはなかったんだ」ウーカシュは、窓の外のおちついた静かな景色にじっと見入りながら、こう思った。と、突然、心臓がはげしくふるえた。青いたそがれのなか、坂のなだらかな赤みがかった木立のあいだを、金いろの狐がよぎってゆく姿が見えたのだった〉

この物語を亀山は、次のように読み解いていきます。

そろそろ母親との一体感に別れを告げる時期にさしかかっていた少年は、それまでの全知全能の力を持つ自己と世界との関係とも決別して自己中心性の克服に取り組もうとしていました。この過程は少年に自己意識としての孤独をもたらします。

ユング派の秋山さと子によれば、根源的な無意識（世界とのカオス的一体感）から子どもの意識が生じてくるとき、子どもは怪獣・オバケ・動物を「想像上のお友だち」として必要とし、怪獣・オバケ・動物たちは移行期の困難を援けるとともに不安を鎮める役割を果たします。

ウーカシュの前に現れた金いろの狐は、まさしく「想像上のお友だち」にほかならず、ロジェ・カイヨワのいう「子どもたちの自律性を確立し、彼らが現実の世界に足をつけて立つための手助けをしてくれる」存在です。子どもは秘密を持つことにより自己の〈内面〉を所有することが可能となり、〈内面〉と〈外面〉という二重性を獲得して、大人へと一歩近づいていきます。

ウーカシュの変化は、お留守番で経験した孤独感が金いろの狐を呼び寄せたことが契機となりました。私たち兄弟の変化は、母親の流した涙が契機となりました。子どもの変化は、何が契機となるか分かりません。多様な生活体験を用意し、子ども自身が成長変化する契機を自らの力でつかみとれるようにして待つしかないのでしょう。

やせ細る理念と実体験

この原稿に取り掛かった時、書架で『愛のくさり』（人文書院・1972）というタイトルを持つ庄野英二さんのエッセイ集が目に入りました。手に取ってみる気になったのは、かつて八十年代に読んで感銘を受けたアメリカの教育学者ジョン・ホルトの本の中にあった「大人は子どもを愛という檻の中に閉じ込めて自立を妨げている」という記述を連想したからでした。庄野さんの本を開くと、私宛のサインが目に飛び込んできました。1972春とあります。（その年、庄野さんのファンタジー『星の牧場』をNHKでミュージカルに脚色するに当たって帝塚山のご自宅に伺った際に頂戴したものでした。戦争で愛馬と記憶を失った元兵士が星の美しい牧場で愛馬との再会を幻想する『ポッカポッコリ』というミュージカルになったテレビ作品は、チエコ・ドナウ賞とスロバキア作家協会賞を受賞しました）

その本に〈今になって考えてみると、僕の小学校時代など、随分武士道的というか或はサムライ的であったものだ〉という書き出しで始まる「ああ武士道」と題した一節があります。庄野さんが小学生だったのは、大正から昭和の初めにかけてでした。

〈人はこれを簡単に戦前の軍国主義的教育と軽薄なる一言で片づけるかもしれないが、僕は幼時を回想して僕たちの武士道的なものが、戦後批判を受けているような軍国主義とは全く別のものであることを堅く信じているのである。

チャンバラ遊びや遊戯の間に、武士道的言動が盛んであったのは当然であるが、しかしその武士道的なものは遊戯の間だけのことではなかった。学校教育と家庭教育の根本をなしているものも実は武士道的精神であったのだ。武士道的というのは、つまりは恥を知り、名誉を尊ぶ精神であった。「人から笑われる」「人の笑い者になるな」家庭の躾けは名誉を尊ぶことから始まった。それだから身なりを正しくしていなければならなかった……。

他人の指弾を受けるような行為は勿論、たといいささかなりとも、信義にもとるような言動は許されないのであった…。

学校の先生に教わっても、教わらなくても人間としてのルールは何か、人倫の常経とは何かというようなことを知っていたような気がするのである。そしてその根本を流れていたものは廉恥、礼節、信義などの武士道的徳目であった…。

戦後教育の収穫がたとい計り知れないものがあることをすべて認めたとしても、僕は真の意味の武士道精神が昔日の面影を失ったことを心から嘆かないではいられないのである〉

庄野さんのこのエッセイをあなたはどのように受け取りますか? 庄野さんのいう「真の意味の

武士道精神」は、表現こそさまざまですが、かつての日本人なら誰しもが心の支えとして持っていた矜持（プライド）で、いわば生き方の根本理念となるものでした。

その理念がいまやせ細って、代わって金銭万能の拝金主義やココロよりモノの物質至上主義が私たちを支配しています。

子育てや教育にあっては、行き過ぎた成績・偏差値重視の競争的効率主義が跋扈して、他者との触れ合いや生活体験の中で、心や情操や礼節や自尊感情といった豊かな人間性を育む機会が失われつつあります。

このままでいいとは誰も思っていないはずです。ではどうすればいいのか？一つの答えを出すことは不可能です。というより一つの答えを求めてはいけないのです。何故なら私たちは多元的な価値観を認め合う民主主義の時代を生きているのですから。

試行錯誤がたくましさを育む

先日、幼少年教育研究所の夏の講座で杉並区の中瀬幼稚園の卒園間近な園児の一ヵ月を取材したドキュメンタリー映画『風のなかで―むしのいのちくさのいのちもののいのち』（筒井勝彦監督・現代グループ制作・２００９）を観る機会がありました。秋葉清功カメラマンのカメラが捉えた園児たちの生活には、試行錯誤と切磋琢磨を重ねながら自らの力でたくましく育っていく姿と、それをゆっくりと見守る大人の愛情があますところなく映し出されていました。

こんな骨太な実践は、子どもへの真の愛情に根差したしっかりとした保育理念と子どもへの信頼なくしては不可能です。

たとえばノコギリを使っての竹の切断、園舎の建て替え工事への参加、木のぼり、裸での泥んこ遊び…これらは今日日どこの園でも保護者に保障している安全・安心・衛生・危機管理優先の事なかれ保育ではあり得ない実践です。それを可能にしているのは、保育者が子どもの発達へ深い理解を持ち、子どもへの愛情と信頼を抱いて向き合っているからといえるでしょう。保護者の理解と信頼が欠かせないことは言うまでもありません。ここには、甘やかしとは対極の厳しくも真摯な愛情の在り方が見られます。

はじめに愛情と甘やかしの間に境界線を引くことの難しさについて述べました。境界線がないのではありません。境界線は厳として存在しています。ただどこに引かれるかについては、一人ひとりの子どもによって異なるべきで、画一的な答えはないのです。

愛情の在り方についても同じことが言えます。与える側に都合のいい愛情と真の愛情との違いは明確にあります。ただそれを見分けるのは難しく、おまけに混同しやすいのです。子ども自身がそのことに気づくのは、自分が大人になってから、或は不幸な状態に陥ってからなのです。

甘やかしの結果についての責任は子どもにはありません。今自分がしている愛情表現が甘やかしになっていないかをチェックするのは大人の責任です。画一的に甘やかしと愛情を区別する線が引けないとすれば、なにをよりどころにすれば良いのでしょうか。私は、一つの目安が「子どもの最善の利益」という基準ではないかと思っています。

（2010．9　特集　2甘やかしと愛情）

②子どもの居る位相―座標軸の消滅と失見当識―

（1）子どもたちはなぜアジールを必要とするのか

小学校時代にいじめにあっていたYは、逃避と自立を主題にした卒業論文を次のように書き始める（1）。

私は小学5年で引っ越して転校する。前の学校でも友人関係が上手く行かず、いじめにあっていたが、転校先でもいじめを受ける。私は自分自身と現実に絶望し、惨めさと孤独から逃れるために空想の世界に生きるようになる。友人二人と一緒に。

彼女たちもそれぞれ悩みを抱えていた（二人は一年前に母親を亡くし、もう一人は半分不登校状態であった）。

私たちは、マンガ『アリーズ』（冬木るりか作。現代の高校生としてよみがえったギリシア神話の冥府の王ハデスの妻ペルセフォーネを、巨神族ティターン再興のために拉致しようとするオリンポスの神々と、ハデスは壮絶な争いを展開する）にのめり込み、このマンガの世界が現実にあると思い込んだ。

私たちは、ハデスとペルセフォーネが、この戦いのあと冥府に帰り、いまは平和に暮らしていて、作者は彼らと交信してこの作品を描いていると信じた。

私たちも「こっくりさん」を変形させた「分身様」という交信手段を用いて、彼らと他愛のない会話を楽しんでいた。「こっくりさん」で使う10円玉をシャープペンシルに変えただけで、その原理は同じだ。つまり無意識による筋肉の動きだが、当時は本当に彼らと交信していると信じていた。そして、いつか私たちも超能力（精神感応、念動力、飛行力）が使えるようになると思い込んでいた。

Yとその仲間にとって、マンガというメディアによって現出する一種の共同幻想（ファンタジー）が、いじめの日々を生き抜くためのアジール（避難所）であったことが、この文章から痛いほど良く伝わってくる。

アジールとは、ヨーロッパ中世にあって、わが国中世にあっては無縁、公界など、俗世界の権力の及ばない場所であり、爾来、権力に追われる者にとっての避難場所の役割を果たしてきた。時代を問わず、誰しもが過酷な現実を前にしたとき、自己防衛のためのアジール的機能を必要としてきたのであって、それは、身を隠すための場所であったり、他者の目を欺く擬態であったり、何かへの逃避であったりした。窮鼠猫を噛む反撃や先制攻撃としての暴力行為や自傷行為であった場合もあろう。

第一次世界大戦の戦場でみられた一時的な失明などの心身症の例を上げるまでもなく、ストレスを受けている本人にとっては、アジールへの避難は生存をかけた決死的な行動であって、その形が何であれ、他者の容喙を許さない深刻な問題なのである。

かつてアジールは、例えば不幸な結婚生活から逃れようとする女性が救いを求めた江戸時代の縁切り寺のように、目に見える特定の場所であり、身に迫る危機を回避し、具体的な解決を手に入れるための通過点であった。

子どもの世紀といわれた20世紀末に生きる子どもたちも、こうしたアジールを必要とする現実に生きている。私たち大人が問題視している子どもたちの行動の多くは、アジールへの避難行為とみなされるし、子どもが引き起こし、社会を震撼させた事件の多くは、アジール内で起きた事件が社会の規範を犯し、裁かれるという悲劇的な事例といえる。

こうした不幸を繰り返さないためにも、子どもの生存と自立にとってアジールが果たしている役割と実態を理解するとともに、子どもたちをアジールへと追いやっている現実の歪みを是正し、彼らをいかにして現実に軟着陸させるかが大人に問われているのである。

(2) アジールの持つ二面性

Yとその仲間にいじめの日々を耐える力をもたらしたマンガの世界への没入を、アジールと措定したが、社会構造と人間関係が複雑化した現代にあっては、個人が直面する問題やストレスも千差万別であり、必要とするアジールの在り方もまた個別化し、単に物理的空間のみならず、想像世界やサイバースペースなど、さまざまな位相にわたっており、必ずしも現実的な解決への接点、ないしは跳躍台となるとは限らない。

Yは書く。

夢の世界に生きることは、いい面（想像力が育つ）もあるが、これが慢性化すると、現実で努力しなくなる。劣等感が刺激されればされるほど、夢の世界に依存する。夢の世界でなら、自分は皆とは違う、特別なのだという意識（優越感）を持つことができるからだ。現実の自分が惨めであればあるほど、夢の世界は甘美な魅力で子どもを虜にする。

緊急避難という本来のアジールの役割は依存の対象と化し、本人も気づかぬまま、外圧から身を守るための砦が引きこもりを正当化するための島宇宙に変質する。

島宇宙の内部では、孤立を守り自己を肥大化するか、仲間とのサブカルチャーにのめり込んで現実からの逃避を正当化するか、に陥りがちである。

そういう状態が一年近く続いて、友人は現実を捨てて虚構の世界へ飛び立ちたいと言い出し始めた。私も行きたかった。しかし、家族と離れるのが嫌だったので、「私は残るよ」と答えたのを覚えている。

虚構の世界で生きていたとき、私たちはお互いの内面について話すことはなかった。いじめられっ子は烙印を押されたようなもので、しかも一度烙印を押されれば、数年間はその影がまとわりつく。そういう子と交際すれば評判が悪くなることは、皆知っている。だから、学校にいるときには話しをすることもなかった。

中学に入ってから、私たちは自然に、あれは夢だったのだと認識するようになった。そして、はっきりと夢だと自覚した途端、虚構の世界に依存し、見当違いのプライドを肥大させていた自分が恥ずかしくなり、私たちは交流することはなくなっていった。

ファンタジーを「行きて帰りし物語」と呼ぶが、中学に入ったYたちに起こったことは、まさしく虚構の世界から現実への帰還であった。卒業によっていじめから解放されたことと、おそらくは自己同一性の実現についての彼女たちの理解がいくらか進んだことによるものであろう。

思春期の精神病理を専門とする医者の斉藤環は〈精神分析において「ペニス」は、「万能」であることの象徴とされます。しかし子どもは、成長とともに、さまざまな他人との関わりを通じて、「自分が万能ではないこと」を受け入れなければなりません。この「万能であることをあきらめる」ということを、精神分析家は「去勢」と呼ぶのです。人間は自分が万能ではないことを知ることによって、はじめて他人と関わる必要が生まれてきます〉(2)とのべているが、Yたちのマンガの世界からの帰還は、彼女たちが自己中心的世界を抜け出して、「去勢」を受け入れ、社会化の一歩を踏み出したことを意味しよう。だが、自らが創り出した世界に入り浸っているうちに、現実との接点を失ったり、働きかけに問題を抱えこみ、「自分が万能ではない」ことを認めたがらない子どもたちも多い。精神科医の香山リカの『インターネット・マザー』の一節である(3)。

また最近、「引きこもり」と呼ばれる若者のライフスタイルも大きな社会問題となっている。彼らは文字通り自室に引きこもって、そこから外に出ようとしない。部屋の中ではテレビを見たりパソコンを使ったり、といろいろなことができるのだが、一歩そこを離れると足がすくんで他人とうまく会話できない。そして一番の問題は、引きこもるとしている彼ら自身も決して好きで引きこもっているわけではない、ということだ。自分の生活につねにいらだちを感じており、自己嫌悪に陥っている。「時間を無駄にしている」「このままじゃいけない」という焦りと周囲からはただの怠け者と見られる苦痛から、家庭内暴力や自傷行為といった問題行動に至るケースも少なくない。

香山によれば、彼らは人一倍、人間関係を求めているが、あまりにデリケートであるため、直接的な形で他者とかかわり合いが持てないのだという。「引きこもり」の状態にある若者は、百万人とも数十万人ともいわれる。

前出の斉藤は、この思春期特有の症例を「社会的ひきこもり」(Social withdrawal)と呼び、個人病理ではくくれない、家族・社会からなる「システムの病理」と捉える。

社会的ひきこもりが、思春期の病理であるということ。それは、とりもなおさず、この問題が現代の教育システムの問題と、深く関連していることを意味しています。たしかにそこには、さまざまな社会病理的なものが反映しているかもしれません。しかし、子どもにとっての社会が、まず家庭であり学校である以上は、「教育システム」のあり方それ自体を問題にしないわけにはいきません。

端的にいって、現在の教育システムは、「去勢を否認させる」方向に作用します。

学校には、「平等」「多数決」「個性」が重視される「均質化」の局面と、「内申書」と「偏差値」が重視される「差異化」の局面の二面性があるとともに、教育システム全体が、「その中にいれば社会参加が猶予されるもの」あるいは「自己決定を遅らせるためのモラトリアム装置」として作用しており、このような保護とひきかえに、たとえば「誰もが無限の可能性を秘めている」といった学校独自の価値観を子どもたちに強要しているという。

教育システムによって押しつけられる「去勢否認の強制」が何をもたらすか。このシステムがやっかいであるのは、システムに従順であっても、システムに真っ向から反対しても、それが同じ結果をもたらすという点です。どういうことでしょうか。つまり、いずれの態度を貫いても、社会的には未成熟な人間になってしまうということです。

斉藤は、典型的な偏差値エリートと、一部の「登校拒否」児たちは、不適応のあり方において共通しており、その共通点は「価値観の狭さ」と「自己中心性」であると指摘している。たしかに、そうした不適応は、若者や子どもたちに特徴的であるかにみえる。しかし、他者との直接的なかかわりを避けようとする心性は、広く生活と社会のあらゆるシーンで培養されてきたし、効率化、情報化がそれをさらに加速しようとしている。

高度経済成長期以降、急速に普及した券売機、自販機、FAX、Eメール、モバイル通信、機械言語によるアナウンス、行動を指示する標識などの非人間系のコミュニケーション・ツールによって、誇張していえば、生きた他者と会話を交わさなくとも一日を過ごすことが可能となった。こうした環境が、おそらくは対人恐怖や嫌人症の下地となるであろうし、引きこもりによる他者とのかかわりの稀薄化が、対人関係のスキルの低下をもたらすであろうことも予測できる。

ということは、自己内部への他者の侵入を防ぐ盾となるアジールは、同時に、他者への働きかけを困難にするという二面性を合わせ持つ存在といえるということである。

(3) 間接性の効用とそれが意味するもの

渋谷周辺で見かけるヤマンバギャルと呼ばれる少女たちの「ガングロ」化粧は、仮面を連想させる。仮面は、むろんアジールの機能を備えている。

朝日新聞夕刊の連載コラム「探検キーワード」によれば、「ガングロ」の語源は、五年前には「顔黒」の意味だったが、いまでは、「ガン」は「チョー」よりすごいという意味で、さらに「ガン」の上は「ゴン」、その上は「バチ」と形容するのだそうだ。したがって「ガングロ」とはそこそこの日焼けを指すという(4)。

「egg」。カリスマ高校生や店員を生み出したガングロ派少女に人気の月刊誌だ(三月号で休刊)。街の少女たちの写真と語りで埋まった誌面は徹底した言文一致体の文章を特徴とする。ニュアンスによる表記の違いに気を配るため、「チョー」をとる「CHO→」「チョ→」「ちょー」「ちょお」「超」と使い分ける。そして雑誌に載ると、言葉はあっという間に全国で使われるようになるという。

「思った通りに書きなさいという作文教育を受けて育ったので、言葉として何が正しいのかという規範が育っていない。だから無批判に受け入れる」と唐戸さん(東京のコンピューター専門学校の国語講師で、若者言葉にくわしい唐戸民雄氏)。そのうえで「言葉が記号化している。背後には人間関係の希薄化があるのでは」と指摘する。象徴的な光景を唐戸さんは先日、授業が終わった教室で見かけた。「きょうどうする」との問いかけに、答えは「オレ帰る」と一言だった。「それ以上は踏み込まない。それがお互いに傷つかないことだと若者は考えているんですね」

記号化した若者言葉には直接的なかかわりを避けようとする配慮が働いており、さらに会話を微妙にずらしていくことで、他者の内面に踏み込むことを避け、相手からも踏み込まれないように自衛する。まさに間接的なコミュニケーションの効用ともいえよう。

「傷つきたくない」との思いの強さは柳川さん（女子高生を主要なテーマにするライターの柳川圭子氏）も感じる。否定されない文脈で会話をするのが大切なのだ。洋服を見て「これかわいいよね」と言えば、答えはたいがい「かわいい」で終わるという。かわいいのが柄なのかデザインなのか……互いに好きなように解釈する。だから意見の違いは表に出ることはない。

それでも心の機微を伝えたいとの思いが数多くの副詞を生むのだろうと柳川さんは考える。「私を分かって、との思いがこもっているような気がします」

では、このような心の機微と「ガングロ」はどのように結びついているのだろうか。

「ガングロは引きこもりと似た心理でしょうね」と社会学者の桜井哲夫・東京経済大教授は見る。自分がだれか分からないようにと仮面をつけた状態であり、「他人と深くかかわりたくない」との表明だと分析する。その背景には「子どもの自由空間の喪失」があるという。遊びを通して子どもは人間関係を学ぶが、今や遊ぶべき原っぱはなく、テレビゲームなど一人で作り上げる世界ばかりが拡大した。言葉を聞いてくれる相手がいない。そんな中で育ったもろい自我が「否定されたくない」との防衛本能を働かせた結果が、ガングロ少女を生み出したとの見方だ。

一見、目立ちがり屋の「ガングロ」は、実は、仮面というアジールに立て籠もる行為であると同時に、存在を認めてほしいという彼女たちなりのサインであり、精一杯の自己表現でもあるのだ。さらに桜井は、「ガングロ」を風俗的なトピックスに矮小化しようとすることに対し、次のように警告を発している。

「人と人がどのように接触するのかを学ぶ場が社会から奪われている。学校をはじめ現在のシステムが機能しないことは、子どもたちが絡んだ多くの事件が示している。ガングロにまゆをひそめるだけで、大人はその背後にあるものに鈍感だ。それは子どもたちの反乱ですよ」

フランスの哲学者ガストン・バシュラールは、〈仮面はわれわれが未来に直面することを助けてくれるのだ。それは防禦的であるよりはつねに攻撃的である〉と、仮面の隠し持つ役割について述べている(5)。バシュラールは、ロールシャッハの図版の中に隠された仮面を読み取ったローランド・クーン博士の「仮面は過去と絶縁する」いう言葉を引きつつ、〈仮面は新しい生への決意ともなりうるように思える。それは身を隠している存在を一気に清算してしまうに違いない。それは第二の生を確立するための一動機、ひとつの再生ともなるだろう〉とし、〈仮面とは新しい未来を得ようとする意志、単に自分自身の顔を自由にあやつるというばかりでなく、自分の顔を改造し、以後、新しい顔を持とうとする意志であることに思い至るのである〉と、仮面の積極的な意義を認めている。

桜井のいう「ガングロ」の反乱性とは、そのようなことを指しているかと思われる。

（4）反乱のかたち

手許にある国語辞典によれば、反乱とは、〈（支配者に）そむき、乱を起こすこと〉とある。〈子どもたちの反乱〉の場合、そむく対象は大人であり、大人が確立した制度的・社会的権威であり、乱とは、彼らが示す現状に対する異議申し立て行為のすべてといえよう。

かつて、その反乱は、親への反抗であり、家出であり、学生運動であり、ドロップアウトであり、抗議の死であり…と、目に見えるかたちであった。しかし、今日にあっては、そのかたちは、必ずしも目に見えるとは限らず、彼ら自身が無自覚的な場合すらある。

若い男女の部屋を訪ねて、部屋の様子と住人のヌードを撮り続け、東京・恵比寿にある若者向けのクラブが発行するフリーペーパーに連載している都築響一が、若者たちの感性についての興味深いエッセイを、読売新聞夕刊に寄せている(6)。

当初、いちばん大変だろうと予想したのは、もちろんモデル探しだった。いくら実名はでないといえ、自分の部屋で、しかもオールヌードになって、二万人の読者の眼に裸体をさらしてもいいという男女を見つけるのは、そうとう難しいと思われた。

ところが、である。ためしに声をかけてみると、だれも恥ずかしがらないのだ。「えーっ」とか言いつつ、「でも、こんなんでよかったら、いつでもいいですよ」という反応が圧倒的に多いのには、声をかけたほうがびっくりした。

中には「ちょっと…」とためらう子もいる。しかしその訳を聞いてみると、「裸になるのは全然いいんですけど、いま部屋が汚いから恥ずかしい」。こんなことを言う子が、ひとりやふたりではないのだ。

その汚さというのは、大人が連想する、万年床や洗わない食器の山で臭気ふんぷんといった汚さではなく、自分の持ち物が過度に散らかっているという類いなのだそうだ。

裸になるよりも、散らかった自室を公開するほうが「恥ずかしい」。それは自分の身体ではなくて、生活する空間のほうが、むしろプライベートであり、「自分を表象するもの」であるとする感覚だろう。

肉体ではなくモノの集合、たとえばたるんだ腹部や貧弱な胸ではなく、床に積まれた雑誌や食べ散らかした袋菓子、そっちのほうに「裸の自分」を見られて恥ずかしいと思う感覚。いままで若者の部屋を数百は撮影してきた僕にとっても、それは新鮮な発見だった。

こうした若者たちの感性を、都築は、くなにか大きな変化の兆し〉ではないかと、とらえている。もしかしたら、若い子たちには、自分の身体が、そんなに大事なものではなくなっているのかもしれない。皮膚を焦げるほど黒く焼いたり、ピアスやタトゥーで飾りたててみたり、そういう流行にとどまるのではなくて、実は自分の肉体にリアリティが感じられなくなってきている徴だとしたら。

顔はすごくきれいなのに、脱いでみると蚊に刺された掻きむしり痕だらけとか、すごくおとなしくて地味そうなのに、乳首にピアスが光っていたりとか。見かけと中身がまるで一致しない子をたくさん見ているうちに、僕はいま、なにか大きな変化の兆しをつかまえかけているような気がしている。

都築は、エッセイを〈親にもらったこの身体、と昔の人は言った。いまの子供たちは自分の身体を、ちょっと分厚い普段着ていどにしか感じていないのかもしれない〉と結んでいる。

〈親にもらったこの身体〉というとき、そこには、かけがえのないもの、というプラスの価値観が含意されている。若者たちは、そのかけがえのないものをいともあっさりとゼロやマイナスに貶める。つまり、そのことが彼らの反乱のかたちなのだ。

若者における〈肉体のリアリティの喪失〉については、エレクトロニクス革新によって現出したバーチャル世界がもたらした現象として、すでに多くの言及がなされている。たとえば、美学・哲学者の西村清和は、私たちを取り巻く現実について次のように述べる(7)。

たしかに現代の「現実」が、マスメディアや電子メディアのネットワークを介して、バーチャル・リアリティーやシミュレーションやコピーをも組みこんだかたちで成立しており、そのかぎりでわれわれはみんな、現実と虚構の境界が日常的にあいまいになりつつある社会に生きているというのはほんとうだろう。かつて現実世界とは、個々人の身体レベルでの知覚経験や対面的コミュニケーションにもとづいて共有されたひとつの認識体系であり、この信念体系が共同体を根拠づけた。この世界には、個々人の身体の秩序にもとづくオリエンテーション、パースペクティブ、時空間の体系があり、これがひとびとのアイデンティティーの根拠であり、経験の座標軸だった。だが現代の電子メディアは、この現実体験の座標軸をあいまいにする。今日ひとが自分たちの現実が侵されていると危機感をいだくのは、この身体秩序が無効化しつつあるからである。

若者たちの肉体のリアリティの喪失の一因が、西村のいう「身体秩序の無効化」にあるのは確かかもしれない。理論社会学の大澤真幸は、電脳社会の持つもう一つの側面について、次のように論じている(8)。

電子メディアを通じて、ふだんは表現できない、本当の欲望、本当の願望、本当に思っていることを思う存分表現できる。だから、これは仮面であると同時に自分の内面の真実でもある。いちばん外側にあるものが自分の内面の真実でもある、ということになるわけです。ですから、サイバースペースは、精神の内面性と外面性のあいだの区別をなくしてしまうのです。

「ファンタジーとヴァーチャルリアリティの世界」を卒業論文のテーマにしたSは、インターネット上に開設されているチャットルーム(電子掲示板)に二つのハンドルネーム(匿名)で参加していた。チャット（電子掲示板上でやりとりされる文字によるおしゃべり）に参加する人物のオンライン・ペルソナ（ハンドルネームで演じられる人物のキャラクター）は、創作することができる。Sは「さゆり」という名でありのままの自分に近い性格を、「ベス」という名ではお転婆ギャルを演じていたが、どちらが本当の自分か自分でも分からなくなり、次第に二つのペルソナを演じることが重荷になってきたという。大澤のいう「精神の内面性と外面性の区別」を失いそうになったのだ。

臨床心理学者のシェリー・タークルは、オンライン・ペルソナが参加者に人格の多重性を経験させ、そのことによって〈分裂したような感じがして居心地が悪い人もいれば、解放感を味わう人もいる。自己発見の可能性、ひいては自己変革の可能性まで感じ取る人もいる〉と報告している(9)。オンライン・ペルソナによるこのような自己同一性の揺らぎも、「身体秩序の無効化」に拍車をかけているのではあるまいか。

殺人、自死、自他の肉体へのさまざまなかたちでの加害といった、あまりにも軽やかに肉体の尊厳の一線を侵犯する事件が頻発するのは、経験の座標軸を失ったことによってその行動が引き起こす結果を見通すパースペクティブや想像力を奪われてしまった結果であり、〈肉体のリアリティの喪失〉がもたらしたといえよう。

子どもたちの反乱は大人が支配する世界を射程にしつつも、同時に反乱の主体である子どもたち自身の内部でも起こっており、子どもたちは気づかないうちに自らの未来を自らの手で簒奪しているのである。

（5）消失した座標軸

〈世界がまだ若く、五世紀ほどもまえのころには、人生の出来事は、いまよりももっとくっきりとしたかたちをみせていた〉という一文で『中世の秋』を書き始めたヨハン・ホイジンガは、つづけてこう書いている。〈すべて、ひとの体験には、喜び悲しむ子供の心にいまなおうかがえる、あの直接性、絶対性が、まだ失われてはいなかった〉(10)。

この文章を読むたびに、私たちが失ったものの大きさに愕然とさせられる。人生の出来事は、くっきりとしたかたちを失い、ひとの体験からは、直接性、絶対性が失われてしまった。生活の中から実体験の場が消え、数少なく残っている体験の質も間接的、相対的なものに変容してしまっている。ひときわ心が傷むのは、子どもたちの喜びや悲しみの表現を屈折したかたちに追い込んでいる事実である。

ホイジンガが1919年にオランダのライデンで記した第一版の緒言には〈古い文化の諸形態が死滅する。そのとき、その同じ土壌に新しい文化が養分を吸い、やがては花を咲かせる〉とある。おそらくはいま、私たちは古い文化の諸形態の死に立ち会っているのだ。では、新しい文化に明るい展望が開けるのか。いまを過渡期とする社会学者の宮台真司は、その「今」を生きることについて、建築家の鈴木隆之との対談でこう語る(11)。

成熟社会になると、こうすれば人を喜ばせることができるとか、自分が幸せになれるという自明性が崩れます。未来が輝けることを信じられなくなる。「今を生きる」しかなくなる。

今を楽しく充実して生きている人間なんてそうたくさんいない。それを近代社会は「遅延化」で補ってきた。「自分を満足させるものは今はないけど、未来が、つまり時間の経過がそれを可能にしてくれる」という思い込みが「今の行動」に意味を与えていたわけです。ところが最近では、そういう「遅延化」という形態が一般になくなってしまったので、「今」はどんどん稀薄になるばかりです。

音楽のシーンでいえば、既成社会への反抗を歌ったロックの時代が70年代の半ばに終息し、代わって単にエネルギーを爆発させ、道を踏み外すパンクの時代に入ったことで、フランスの哲学者J．F．リオタールのいう「大きな物語が終り、あとには小さな物語が残る」ポストモダンの時代に入った。かつて若者たちを連帯させた共通の敵は姿を消し、共通の敵に対峙することで確認できた同世代としての大きな連帯感も持てなくなった。そんな文化状況の中に若者たちはいる、と宮台は見る。

かつては、「主張するということ」には、「こいつは主張するだけの資格がある」という前提があったと思います。資格というほど大仰なものじゃないにしても。「俺たち」といえるような世代性をちゃんと踏まえているということであったり、弱者であるということであったりという根拠を持っていた。つまり表現の前提、立場性があったわけです。それが消えてしまったんですね。「人それぞれ適当に生きてるんだ」っていうときに、誰か主張する奴があらわれたら、「なんでおまえに主張されなきゃならないんだ」っていうことになりますよね。主張を受け入れることは不可能に近い状態になる。同時に主張する側から見ても手応えはない。自分の主張を聞いてくれる奴は変な奴ばかりだという感じになる。

この発言は、若者を含む子どもたちが広く示しているアパシーの背景を的確にとらえている。宮台のいう自明性が崩れた成熟社会とは、死滅しつつある古い文化の諸形態そのものにほかならない。いま子どもたちを取り囲んでいるこの成熟社会は、あらゆる局面で座標軸が不鮮明となり、厚い雲の中でパイロットが平衡感覚を失う「失見当識」の状態に陥っている。大人がそうなのであるから、ましてや子どもに於いておやである。

では、この失見当識の状態から脱出するにはどうすればよいのか。

（6）平凡かつ真っ当な方策

学校教育の現状、家庭教育の現実、子どもたちの生態にわが国の教育の破綻を見る社会経済学の佐伯啓思は、教育の再興へのビジョンを次のように描く(12)

あらゆる社会の教育（学校教育だけではなく家庭、そして社会や情報・メディアが間接的に行う教育もふくめて）の最も根本にある要請は、ひとつの社会を組み立てている価値を子供達に伝達して、社会の構成員として一人前の判断能力をつけさせることである。そしてそのためには教育は社会から切り離された聖域でなされてはならない。

社会を組み立てている価値が何であるかを教えることは大変難しい。だから、戦後日本の学校教育ではそれを放棄したのである。だが、社会性と価値の教育を放棄した学校が、教育機構としての役割を果たさないのは当然のことであろう。

これはただ私の夢想に過ぎないが、例えば、高校の一年間を三期に区分し、第一期は自衛隊の見学、訓練参加を行い、第二期は老人介護、町のボランティアなどの福祉に従事し、第三期は、企業や商店でのアルバイト、もしくは海外でのホームステイやボランティアへの参加、といったことを行った方が、自由化、個性化、ゆとりなどよりはるかに意義深いことはまちがいないように思われる。

具体案の内容には合意の形成のプロセスが必要だが、その主旨は説得的かつ示唆に富む。

Ｙは卒業論文をこう結んでいる。

空想の世界に生きている子どもが、現実に戻るためには、どうすればいいのか。それは、誰か一人でもその子のことを心から愛し、理解してくれる人間がいれば、子どもは現実を生きていくことができる。たとえこの世界が不条理（苦渋）に満ちていても純粋な愛情をその身に受けることで「生きる勇気」を心に持つことができる。

子どもが失見当識から脱して、現実を生きていく手がかりを掴むためには、自分の居場所を検知することができる座標軸が必要なのだ。ある子にとってそれは愛されているという自信であり、溺愛とは一線を画した厳しい触れ合いであり、心の深い交流であり、時には挫折であり、喪失の体験であろう。だが一つだけ確かなことは、子どもは座標軸が引かれたグラフの上にプロットされる点であってはならないということである。プロットされるのではなく、座標軸を手がかりに自らをグラフの上に位置づけつつ線を描いて人生を伐り拓いて行く存在なのだ。子どもの権利の中には、親や大人の愛の束縛から自由になることも含まれている。親や大人の愛は、自立へ至る道程の一時的なアジールにすぎない。

子どもたちの問題行動の多くは、新しい文化誕生のための陣痛といえよう。

引用文献

（1）山崎美奈子『子ども時代（魔法の森）の終焉逃避と自立』東京家政大学家政学部児童学専攻・平成11年度卒業論文
（2）斉藤環『社会的ひきこもり終わらない思春期』ＰＨＰ新書・1999
（3）香山リカ『インターネット・マザー』マガジンハウス・1999
（4）渡辺延志『ガングロ』「探検キーワード」朝日新聞夕刊・2000年2月5日
（5）ガストン・バシュラール『夢みる権利』渋沢孝輔訳・ちくま学芸文庫・1999
（6）都築響一『〝ヘヤ・ヌード〟の若者』「カーブミラー2000」読売新聞夕刊・2000年2月4日
（7）西村清和『電脳遊戯の少年少女たち』講談社現代新書・1999
（8）大澤真幸『電子メディア論』新曜社・1995
（9）シェリー・タークル『接続された心インターネット時代のアイデンティティ』早川書房・1998
（10）ヨハン・ホイジンガ『中世の秋』堀越孝一訳・中央公論社・昭和42年
（11）宮台真司「現代流行談義―消費される自己」『木野評論』29「特集　流行りの文化の超研究」青幻社・1998
（12）佐伯啓思『教育改革論』「論壇思潮」読売新聞夕刊・2000年2月15日

参考文献

江下雅之『ネットワーク社会の深層構造—「薄口」の人間関係へ』中央公論新書・2000

アルケール・R・ストーン『電子メディア時代の多重人格—欲望とテクノロジーの戦い』半田智久・加藤久枝訳・新曜社・1999

フィリップ・ケオー『ヴァーチャルという思想—力と惑わし』嶋崎正樹訳・NTT出版・1997

島薗進・越智貢編『心情の変容』「情報社会の文化4」東京大学出版会・1998

マイケル・ベネディクト編『サイバースペース』NTTヒューマンインターフェース研究会・鈴木圭介・山田和子訳・NTT出版・1994

（2000・32巻6号『別冊 子どもの文化』No・2　2000年）

③子どもたちへ文化をどう手渡すか──子どもと文化を共有するには

素晴らしい出会いを

「紙芝居やおはなしの心や魅力を子どもと共有する」というテーマを発展させて、大人が子どもに、絵本や紙芝居やおはなしなどの文化を手渡すとき、その魅力をどう伝えたらよいのか、あるいは、その心をどう伝えるのか、そしてまた、ただ作品のメッセージを伝えるだけではなくて、伝える過程で得られたものを子どもと共有するにはどうすればよいかということを考えたい。

というのは、ボランティアの方の意識も、かなり変わってきているが、それでもまだ学校の先生と同じような立場からお話を教えてあげるとか、なにか良いものを子どもにしてあげているんだ、というような大人の上からの目線や意識で子どもに接している人がたくさんいるのが現実で、文化の素晴らしさを共に楽しむ貴重な機会が必ずしも活かされていないと思うからです。

子どもは、今も昔も学校で学ぶことは勉強、文字通り強いて勉めると受け取っています。本音は勉強よりも遊びの方がいいのに、「学校に行きなさい」と言われて、しかたなく来る。先生が教えてくれることをちゃんと身につけないと、叱られる、成績にも影響する…ということで、自分の気持ちからというよりも、むしろ周りから強いられて、学ぶという姿勢が一般的なのです。近年、教育の世界に、果たしてそれで本当に子どもの為になるのだろうか、教育効果が上がるだろうかという反省が起こってきて、今は、学校を教師主導型で教え育む場というより、子どもが主体的に学び習う場にすべきだという考えが、強くなってきています。学校が子どもの主体的な学習の場になるということは、子ども自身が、自分の興味や、自分の関心ある対象に取り組み、知識を広げたり経験を深めたりしながらテーマを追求して、謎や疑問を解き、答えが得られれば、「やった！」という達成感や何かを発見したという歓びも得られます。積極的に、主体的に、自分の意志で学んでいこうという気持ちが育ち、その成果として、知識であるとか経験であるとかが、その子の中に自然に入ってくるようになります。これ覚えなきゃだめ、上手くいけば賞をあげる、上手くいかなければ罰を与えるという風な環境の中で、基本的に言うとなんとなく、学ばされているというような受け身の気持ちで学んでいたのと較べると、学習に対する向き合い方も全く違ってきます。積極的になってくるし、楽しみにもなってくるわけで、教育の成果も上がってくることになります。

私には4歳の女の子の孫が身近におり、しょっちゅう一緒に遊んでいるんですけど、その子を見ていると、自分の中に自分を駆り立てる何かがあって、それを満足させるためには本当に大人がびっくりするくらい熱心に、飽きずに集中して取り組み、何かをやりとげる力を持っているんだということを実感しています。

大人になって周囲を見回すと、自分の仕事に対して前向きな姿勢で向き合えるような環境にいる人は、仕事が苦しいとか辛いとか、悩むというよりも、むしろ、本当にいきいきと仕事に向き合っています。でも、現実はそうはなかなか上手くいかない場合が多く、本当はこの仕事をやりたくないけど、やらなきゃならないという環境におかれると、どうしてもストレスがたまり、ミスが起こりやすくなります。反対に、子どもも大人も何かとの出会いが、幸福で、良いマッチングが得られると、周囲からは想像もつかないような素晴らしいことが起こり得るのです。文化の手渡しも押し付けられるのではなく、子どもにとっての素晴らしい出会いと成長の機会にしたいものです。

幼な子と高齢者

ここにお集まりのみなさんの中には、おはなしや紙芝居や絵本の読み聞かせなどを高齢者へお届けになっていらっしゃる方もおいでのようですね。

高齢者の施設にボランティアで行ってらっしゃる方がひとしくおっしゃるには、高齢者は昔歌った童謡や昔聞いた昔話を聞くと、心を開いてとても楽しそうにされるけれど、今の新しいおはなしや新しい歌に対しては、それほど心を開かない。ご自分がかつて子ども時代に経験したものや触れた文化などにはとてもよく共感して下さるのに…というのです。

ちょっと脱線しますが、日本では、昔から童と媼（おばあちゃん）と翁には、共通点があるという考え方があったんです。「七つまでは神のうち」という言い習わしがあり、その意味は、昔は今のように衛生状態もよくありませんでしたし、医学も遅れていましたから、七つまでに死んでしまう子どもが非常に多かったんですね。子どもを失うというのは親にとって辛いことですから、七つまでは神様の子どもなんだから、いつ神様の世界に帰っても、仕方がないんだというように、自らを慰め、あきらめる意味で、そういう言い方をしていたと民俗学者は言っています。要する幼な子というものは、神的な存在ですから、俗世間のしきたりとか、約束ごととか常識とか、そういうものとは関係がない、縛られない存在だったのです。一方、媼と翁は、昔は、よく言えば別格扱い、悪く言えば、実際の社会の俗世間的な役割からは外されていたわけです。そういう意味で子どもとお年寄りは似たような立場にいるという考え方があったんですね。

現代でも、子どもと高齢者は弱者という点では共通していますが、子どもは未来を担う存在として、高齢者は現在を築いてきた功労者として、ともに大切に遇されるべき存在です。文化を届けるボランティアは、意義のある仕事をされていることになります。

文化を手渡す大人の立ち位置

紙芝居も絵本もおはなしも文化です。文化を子どもに手渡していく時に、手渡す側は、全員大人なわけです。では、大人が文化を手渡していく時に、子どもに対してどういう立ち位置に立つのかということをまず考えてみたいと思います。

学校や保育園などで、小さい子どもに向き合う場合、「私は大人ですよ。あなたたちと違いますよ」という意識でいらっしゃるのか。あるいは、自分も子どもに還ったような気持ちで、できるだけ子どもと同じような目線とか、立ち位置に立って、子どもと気持ちを一つにして触れ合おうと思ってらっしゃるのか。どちらでしょうか？

子どもに向き合う立ち位置―文化を手渡す大人のスタンスには、次のようなものがあります。

（a）文化を伝える私たち大人が、少なくとも子どもの心、童心に還るということがあります。童心に還らないにしても、手渡そうとしている文化を子どもがどう受けとめるだろうかと、子どもの心を予想し、想像して、その心にできるだけ添ってあげる、「子どもの心に寄り添う」ということをよくいいますが、そうすることも大事です。

（b）「子どもの側に立つ」といういい方があるように、大人と子どもというのは明らかにある意味では対立的な、違った側にいる存在ですが、自分が大人の側にいて、子どもや文化を見るのではなくて、子どもと同じ側に立って見る。例えばそういうように、大人と子どもの間に対立があったときには、子どもの味方になるというような意味での「子どもの側に立つ」。

（c）「子どもの視点で見る」。これは先ほどの子どもの心に寄り添う」に似ていますが、子どもの目線で物事を見ていく。保育者にとっての基本ですが、子どもと向き合う時に、立ったままものをいうと、上からの目線になり、子どもは大人を見上げる形になります。見下す大人を見上げるということは、威圧感を与えますから、保育者はすうっとしゃがんで、子どもと同じ目の高さになって向き合います。

そういう意味で、文化を見る場合も、子どもと同じ目線で見ることで子どもの良き理解者になろうと努力する。子どもそのものにはなれないにしても、子どもはこういう存在なんだ。例えば、困難を抱えている等、子どもが置かれている状況を理解して、その立場から、文化を届けるようにします。

（d）次に「子どもの発達段階を受けとめる」ということが必要です。子どもは一人ひとり異なった発達段階にあります。例えばある紙芝居をしている時、子どもがざわざわして、どうしても集中しないという場合、それはもしかしたら、紙芝居の内容と観ている子どもたちの発達段階とにずれがあるのではないかと考えてみることです。つまり、受け手の子どもたちの発達段階をきちんと理解し、押さえた上で、提供するということです。

(e)「子どもの最善の利益を考える」。二つ選択肢があるとしたら、子どもにとって、どちらが、よりいいかを基準にして選んであげるという、子どもの利益を常に考えるという向き合い方です。

(f)最後に、子どもは、未発達で大人より劣った存在であるという捉え方をするのではなく、子どもは小さいなりに一人の人間なんだと捉えることです。大人と比べれば、腕力がないとか、体力がない、知識がない、経験がないということは確かにあるわけです。が、そうした秤で計るのではなく、人間存在として、対等の存在として子どもと向き合う。そうすると、当然「子どもになんかにわかりっこないでしょう」という向き合い方はあり得ないわけで、わからないならばわかるように伝えてあげようという想いが出てくるわけです。そこで分からなかったからといって馬鹿にするのではなくて、どうして分からないんだろうか、わからないとしたら、こちらの伝え方が悪いのではないだろうかと省みて、自分の向き合い方を変えていく、文化の提供の仕方を変えていくということが、とても大切になります。また、子どもたちに手渡す文化に対しては、敬愛の気持ちを持って大切に扱い、間違っても権威的に押し付けることがあってはなりません。子どもにも理解でき、共感できるものとなるように、心と親しみをこめて手渡してあげましょう。子どもを惹きつける文化には、その文化が楽しさ、面白さ、そして、その反対の悲しさ、厳粛さといった、子どもの心を揺るがす力と説得性を持っています。子どもだましでは通用しないのです。

二冊の絵本に見る大人の立ち位置

ここに、二冊の絵本があります。「おやすみなさいフランシス」（ラッセル・ホーバン・文　ガース・ウイリアムス・絵　福音館書店）と、「もじゃもじゃあたまのナナちゃん」（神沢利子・文　西巻茅子・絵　偕成社）です。実は、この二冊には、子どもと向き合う大人の立ち位置の違いがくっきりと出ており、私は、一般的に見た場合のヨーロッパの子育てと日本の子育ての違いが、象徴的に出ていると思うのです。

「フランシス」は、フランシスがパパとママにおやすみなさいをした後、子ども部屋で一人で眠りにつくまでの紆余曲折を描いたものですが、なんだかんだと理由を作って寝ようとしないフランシスを頭ごなしに叱りつけずに根気よくつき合いながら、フランシスの不安を解消していく過程で、子ども自身が考え、行動するように導いていきます。

普通だったら、「いい加減にして寝なさい」で終わってしまうところを、丁寧にフォローしていきます。フランシスが「部屋の中に大男がいる」と訴えに来た時も、「そんなものいるわけないでしょ。椅子に洋服がかかっているのが大男に見えるのよ」などと、結論を示したりはしません。そこで、フランシス自身もう一度、落ち着いて見てみたら、大男ではないということを発見します。フランシスの両親は、子どもの訴えにきちんと対応しながら自分で解決するように仕向けています。

その学習効果があって最後の「がたんがたん」と窓が鳴るところでは、両親に言いに行くのを止めて、自分で原因を探り、大きな蛾の翅が窓にぶっかかって音を立てているのを突きとめ、怖がる必要がないんだと納得して、一人で寝入ってしまいます。

それに較べて、「もじゃもじゃあたまのナナちゃん」のお母さんは、何が何でも髪に櫛を入れようとして、ナナちゃんを追っかけまわします。ナナちゃんはそうはさせじと逃げて行き、ファンタジーの世界へ身を隠してしまいます。ナナちゃんが姿を消した後の、両親の慌てようといったらありません。この辺は、かなり誇張して戯画化されて描かれていますが、やれ甘やかしすぎだ、いや厳しすぎだと、両親の間でしつけ論争が起こります。どこの家庭でも起こりそうな展開ですが、ファンタジーの世界で、もじゃもじゃあたまを巣にしてひばりが卵を生み、卵から孵った雛を引き連れて、もじゃもじゃあたまのままナナちゃんが帰ってくると、終わり良ければすべて良し、とばかりに、両親はちやほやと大歓迎します。櫛を入れさせないことについてはお咎めなし。疲れて寝入ったナナちゃんの枕元に立ったお母さんは、今が櫛を入れるチャンスとばかり櫛を当てようとしますが、ナナちゃんが寝言で雛の子守唄を歌うのを聞いて、明日にしようと、寝顔に見入るところで終わります。

心やさしい両親には違いないのですが、どうも子どもに向き合う姿勢に一貫性がないように思われてなりません。確かに、「もじゃもじゃあたまのナナちゃん」は、ファンタジーとして読めば面白いんです。けれども、子どもの成長という視点で見た時、あのナナちゃんは、物語の中で成長したことになるんでしょうか？

もしかしたら、翌朝、目を覚まして、もじゃもじゃあたまが雛の巣になったことに満足して、ナナちゃんはいい子になっておとなしく櫛を入れさせるようになるのかも知れませんか…。また、この両親の子どもへの向き合い方は、読者のロールモデルとしてはたして適切でしょうか？

このように考えると、やはり子どもに手渡す文化財は、単に面白いだけ、子どもの興味をひくだけというのではなくて、子どもが自分の力で自分の世界を拓いていく手がかりをつかめるようなメッセージやヒントを持ったものでありたいと思うのです。

人間として大切なもの

では次の二冊を例にして、子どもに伝えるにふさわしいメッセージを考えてみたいと思います。

初めは、ミヒャエル・エンデの「カスペルとぼうや」（ほるぷ出版）。エンデは、「モモ」や「はてしない物語」等の作者で、ロスビータ・クォードフリークという人が絵を描いています。ぼうやは、小さなぬいぐるみの人形カスペルが大好きで、毎日毎日なかよく遊んでいました。ところがある日、おもちゃ屋の前を通ると、ショーウインドウにいろいろな面白そうな人形が飾ってありました。見ているうちに、なんだか見なれたカスペルのことがつまらなく思えてきました。

そこで、ぼうやは、カスペルを窓の外にポイッと投げ捨ててしまいました。通りかかった犬のお母さんが咥えて帰り、小犬たちが噛んだり引っ張ったりしておもちゃにして遊びました。それを見つけた男の人が、カスペルを拾い上げてゴミ箱に置き、ゴミ拾い屋さんが車に積んでカスペルを運んで行きました。一方、ぼうやは、なんとなくあの時はつまらなくなってカスペルを捨ててしまったものの、カスペルがいなくなって、自分の心が虚ろになったようで寂しくてたまりません。カスペルのことがなつかしくいろいろと思い浮かびます。ちょうどそのころ、ゴミ屋さんがゴミを集めて歩いているときに、あるおばあちゃんがその人形に気づいて引き取り、犬に噛まれて破れたところを纏い、綺麗にして箱に詰め、孫に贈ります。孫が箱を開けると、あの懐かしいカスペルが入っていました。その孫は、カスペルの持ち主のぼうやだったのです。

もう一冊は、「どこ行っちゃったの？」（未知谷）という絵本です。アンドレアス・シュタインヘーフェルという人の文で、ヘリベルト・シュールマイヤーという人が絵を描いています。

「君は今日出て行ったきり、帰ってこなかった。なんでか僕もわからない。君がいないと眠れない。夜は真っ暗くら。闇にはお化けがすんでいる…」という話で、主人公の男の子が大事にしていた人が出て行ってしまった後の、喪失感と寂しさを絵本にしています。

「カスペルとぼうや」が、捨てられた後のカスペルの彷徨と帰還を中心に描いているのに対して、「どこ行っちゃったの?」は、置き去りにされ、出て行った人の帰りを切望している残された男の子の気持ちに寄りそって描かれた、いわば、一つの物語を裏と表から描いた作品として読めるのです。

この二冊に描かれているように、子どもというのは、何かや誰かとの愛着関係に支えられて生きている存在です。その一番典型的な例が、谷川俊太郎さんの訳で知られるシュルツ作の「ピーナッツ」(角川書店)という漫画に出てくる「ライナスの毛布」です。ライナスというぼうやは、片時も大きな毛布を肌身離さずかかえていて、毛布がないとパニックになってしまいます。ライナスにとって毛布は単なる毛布ではなくて、親友よりも頼りになる、自分を守ってくれる存在であって、愛着の対象なんです。実は、私の子どもも小さいとき、どこへ行くにも何をするにもタオルがないと不安になって落ち着かず、最初は大きなバスタオルだったのが、どんどんボロボロになって、最後は小さくなっているのに、それでもその切れ端が手放せなかったということがありました。

有名な絵本に「ラチとライオン」（マレーク・ベロニカ・作 徳永康元・訳 福音館書店）という作品があります。弱虫のラチという男の子がいて、ライオンの人形をポケットに入れていると勇気が出ます。ある日、ライオンと一緒にいるということで、いたずらっ子に立ち向かって行き、いじわるを止めさせます。ところが、ふと気がつくとライオンはポケットに入っていなかったのです。つまり、ラチが勇気を持って自分でしっかりやっていけるようになった時、ライオンは姿を消してしまったという、お話しです。どれだけ多くの弱虫たちがこの絵本に励まされ、生きる勇気を身に付けたことでしょう。

ヤングアダルトに人気が高いアメリカの作家フランチェスカ・リア・ブロックも短編（「少女神#9」に収載金原瑞人・訳 理論社）の中で、母親を自殺で亡くし、アル中になった父親との暮らしている少女が、級友たちともうまく行かずにボロボロになるのですが、クローゼットの中に現れる青い妖精と話し合うことで危機を乗り越え、立ち直る力を得た時、妖精も消えてしまうというストーリーを書いています。つまり、人は、何か自分の心の拠り所になるようなものを必要としているのです。特に子どもの場合、心の中を吐露する対象が是非とも必要なんです。大人から見ると、くだらない取るに足らないものが、子どもにとってはかけがえのない存在である場合があるということも、子どもを理解する上で、知っておきたいことです。

子どもの発達段階を理解する

さて、文化を手渡す時に、子どもの発達段階に合ったものを手渡すということと、発達段階のサポートになるものを与えることが大切だということについて述べます。

子どもというのは、基本的に自己中心的な存在ですが、行動範囲が広がり、知能の発達とともにだんだんと外の社会を知り、家庭の庇護から出て、社会の中に自分を位置付けて行くという道筋で成長し、自立して行きます。発達心理学者のM・B・パーテンは、子どもの遊び方から発達段階を六つに分けています。

①自己中心的な世界にいる初めの段階では、一人遊びによる自由行動が中心で、自分の好きなことしかしません。それから、②人がやっているのを端から見ているような傍観者的な行動になります。次は、③一人で孤立して遊ぶようになり、次の段階には、④並行遊びに入ります。隣でお友だちが遊んでいても、その友だちと一緒に遊ぶことはしません。二つの遊びが並行して進んでいるような状態を経て、⑤友だちと一緒に力を合わせて遊ぶ連合遊びになります。最初は二人か三人からどんどん仲間が増えてくると、⑥スポーツのような組織的な遊びに発展します。遊び方の育ちで見ると、子どもの社会化と自立は、こうした道筋を通るのです。

ですから、それぞれの年齢と発達段階に即して子どもの心に響く、共感でき、参考になるような文化を手渡してあげると、子どもはそれを成長の糧にして次の段階へと成長していくことができるようになるのです。

子どもの発達段階を、倫理学者で社会学者のローレンス・コールバーグは、次の6段階に分けています。

①まだ道徳感が芽ばえない前の自己中心的な段階で、大人に褒められたり叱られたりすることが、良い悪いの基準になっています。②次は、自分本位で駆け引きによって善悪を捉えます。駆け引きというのは、ご褒美を貰えたらやってもいいよというような段階で、ここまでが「前道徳的段階」です。その次は、③相手の立場が理解できるようになって、自分で決めずに他人が決めたことに従います。例えば、お母さんに「早く寝なさい」と言われた場合、お母さんは、明日の保育園のことを考えて、遅くまで起きていたらいけないから寝かせようとしているんだというように、相手の立場が理解できるようになります。お母さんが決めたことに従って、良い子ちゃん的に行動します。まわりが期待するタイプを演じようとする役割同調主義の段階です。そういう段階を経て、④義務や権威を尊重して自分の考えで道徳的な判断を下すように成長します。言われなくても、自分でもう早く寝ようとか、歯を磨こうとするようになります。ここまでが「因襲的道徳性の段階」です。その次は、⑤異なった社会の価値観の存在を知り、その社会の合意に基づく基準に従います。例えば、幼稚園に行けば幼稚園の価値観、約束事に従い、家に帰れば家

の価値観、約束事に従うようにするというように。最後は、⑥良いこと、善は、全ての人にとって正義であって、特定の人にだけに良いことではない。また平等でなくてはならないと考え、そういう自覚に立って、自分の行動を律していくようになります。この段階を「自己受容道徳原理による道徳性」と呼び、最も高い道徳性の段階です。

大人にもこの段階にまだまだ達していない人がたくさんいますが、子どもの発達段階に対応する文化を手渡すことで、より高い段階の人間形成をしていくための手がかりになる文化に出会う機会を大人が与えてあげることが可能になるといえます。

子どもを夢中にさせるには

子どもにとって、紙芝居やおはなしや絵本の魅力は一体どんなものなのでしょうか？ まず、子どもが夢中にならないようなものは、魅力があるとは言えません。では、子どもを夢中にさせるものとは一体どんなものなのでしょうか？ どうすれば子どもを夢中にさせることが出来るんでしょうか？

①テーマやメッセージが子どもの発達段階に合致しており、なおかつ、子どもの求めているものにジャストミートすれば、子どもを夢中にさせる条件をクリアすることになります。子どもが

目をキラキラさせて身を乗り出してくる文化には、おはなしにしても紙芝居にしても絵本にしても、必ず面白いストーリー＝物語展開があります。そして、子どもを惹きつける登場人物たちがあたかも目の前にいるかのように生き生きと活躍しています。子どもは、意外にセンチメンタルなことが好きで、童謡で言えば、「あめふりくまのこ」（鶴見正夫詩・湯山昭曲）です。雨が降る中で熊の子が小川で魚を捕ろうとして待っている…。メロディもそうですけれど、ちょっとペーソス（哀感）のある世界です。おはなしでは「ごんぎつね」（新美南吉）のように心に染み入って来る物語世界が、子どもたちは大好きです。子どもは単純だなどとあなどれない感受性を持っているのです。

②子どもを夢中にさせる二番目は、表現の魅力です。紙芝居や絵本でいえば、描かれている絵の色使いであるとか、形や線であるとか、絵画的表現の魅力です。おはなしや読み聞かせや紙芝居の演じ方でいえば、語り手・読み手・演じ手が魅力のある表現を届けられるかどうかで、未熟だったり下手な表現では、なかなか子どもは夢中になってくれません。また、そこで表現される内容は、ハラハラ、どきどき、わくわく、ほろほろ…と、喜怒哀楽の感情で子どもを夢中にさせるような世界でなくてはなりません。どういう世界かというと、子どもの知的な好奇心を満足させ、何かの発見があり、自分の拡大深化が実感できる世界が大好きなのです。

③次に、紙芝居を見ている子どもたちが、強い反応を示す場面を考えてみましょう。主人公

が失敗する場面、強大な悪が正義の味方にやっつけられる場面、悲しい別れの場面、再会の場面などなどを思い浮かべられたのではないでしょうか。それらの場面の共通項を考えてみましょう。子どもは大人から常時支配されており、わがままをしたり甘えたりしながらも、大人の顔色を見ながら生活しています。そういう頚木（拘束感・ストレス）や日常性（変化に乏しい繰り返し）からつかの間、自由になれ、解放され、ストレスを発散させることができる場面が子どもたちを夢中にさせるのです。

テレビが家庭に定着するにつれて街頭紙芝居の影が薄れ、やがて消えてしまいましたが、街頭紙芝居の中には、教育者が見ればぞっとするような内容が描かれているものがありました。大人からしてはいけない、近づいてはいけないと言われていた世界が、街頭紙芝居の中では光り輝いていました。自分には出来ないことを紙芝居の登場人物が思いっきり良く実現している姿を見ることで、欲求不満を解消することができたのです。子どもは無意識のうちに大人の支配から自由になれる世界を求めているのです。

大人の世界でも、例えば、中世の日本の縁切り寺のように、夫婦仲が悪くて離婚したい場合、三行半は男しか書けなかったので、女性は縁切り寺に駆け込みました。そこは、もう俗世界の人は絶対に入って来られない。緊急避難が出来る逃げ場をアジール（Asyl=ドイツ語）といい、洋の東西を問わず存在したのです。

子どもにとっては、大人の保護・干渉から抜け出し、ほっとして、自分を取り戻すことが出来る時間と空間が、アジールとしての文化であって、その代表的なものがマンガであり、ゲームなのです。

もちろん、子どものアジールは早晩大人に見つかり、現実へと引き戻されます。しかし、例え、束の間であったとしても、そこで得られる自由な楽しみは、子どもの成長にとって欠かせない、かけがえのない経験です。現代の管理社会は、子どもにとっても生きづらい世の中なのです。せめて、放課後に息抜きが出来る場として、駄菓子屋さんぐらい残しておいてほしいところです。

かつて駄菓子屋さんとともに裏文化とされていた街頭紙芝居もそういう役割を担っていました。今は教育的なものか、悪を排除した文化しか存在が許されず、世の中が健全で衛生的な環境になり過ぎているように思えてなりません。子どもにも少しくらいは悪の経験がないと、悪に対する抵抗力を持たないで育つことにもなりかねません。子どもには、良い子の世界と、そこに行ってちょっとほっとするような世界があって、初めて精神的なバランスがとれることになるのではないかと思うのです。

遊びの要素を応用する

これまで述べてきたように、子どもにとって、遊びは学びそのものです。その遊びについて、哲学者のロジェ・カイヨワは、「遊びと人間」（多田道太郎・塚崎幹夫・訳 講談社文庫）の中で、「遊びの四つの要素」について、次のように書いています。

①第一の要素は、「ミミクリー」。模倣、真似事、ごっこ遊びです。幼児の「ままごと」をはじめ、今世界中のヤングを熱中させている「コスプレ」、東西古今の人々に愛されてきた演劇など、枚挙にいとまがありません。

②二番目は、「アゴン」。競争です。駆けっこも、鬼ごっこも、オリンピック競技も含め、人間を興奮させる要素です。

③三番目は賭け、「アレア」です。大人の世界でいえば、賭け事や宝くじが典型的な例です。子どもの世界でも、駄菓子屋さんのおまけが当たるとか、あみだくじとか謎当てとか、ある種の射幸性を持つ遊びです。

④最後が「イリンクス」。眩暈です。子どもはぐるぐる廻りで眩暈を経験するのが大好きですし、メリーゴーランドとかジェットコースターなど、乗ると眩暈がする遊具に目がありません。

四つの要素が全部備わっているディズニーランドに子どもが夢中になるのもうなずけます。これから子どもに語る、読み聞かせる、紙芝居を演じる時に、カイヨワの四つの要素を演出や表現の中に上手に応用することで、子どもたちを夢中にさせることができるのでないでしょうか。

おわりに

子どもに文化を手渡す時、楽しみや喜びを子どもと共有するにはどうすればよいかを考えましょう。

まず、一緒に楽しもうとする姿勢です。子どもを楽しませようとしている大人が楽しんでいなければ、子どもは楽しみようがありません。そこを逆手にとったのがお笑いの人たちで、生真面目な顔をしながら、おかしなことを言う。その落差がおかしいから笑うわけで、一つの高度なテクニックです。一緒に楽しもうとするオーラが大切です。

次は、伝えようとしている内容に共感することです。子どもと同じ立場に立って、理解し、子どもの心を捉えるところをきちんと把握し、そこに自分を置いてみて、子どもが喜ぶような表現を通してメッセージを伝えていくということです。

伝えている時、騒いだり、無視したり、子どもが反発することがあります。子どもが反発をするということは、より強い共感を求めていることの裏返しの表現ですから、それを上手に使い、反発を逆転させて、より大きな共感を得るというようなやり方をとるのも一つの方法です。

相手の心の障壁（バリア）を突き崩して共感の世界を築くには、大人と子ども、男と女、高齢者と若者、学校と地域といった私たちの周りにあるさまざまな障壁を乗り越えたり、壊したりして、融合させていく努力が必要です。乗り越えたところに、いろいろ新しいことが生まれてきます。文化でいえば、自分の心の中に障壁を持っている限り、相手の心の扉を破って、中に入って行くことは出来ません。手渡した文化を相手に根付かせるには、まず自分の心の扉を開くということが大切だということを、最後に申し上げたいと思います。

（「おはなしと紙芝居の講座」の総論の講義をまとめたものです。）

（２０１１．１特集２ 物語を生きる）

④子どもたちに未来を生き抜く力と文化を手渡すために

子どもの文化運動と時代の流れ

子どもの成長のために良い文化的環境を用意しようと、善意に基づいて活動する大人の存在は、その時代時代にあってさまざまなあり方をみせてきました。

時に時代の風潮に抗い、時に迎合し、時代とともに盛衰する子どもの文化運動は、まさに時代を映し出す鏡ともいえるでしょう。

１９５０年（昭和25年）に始まった朝鮮戦争は、敗戦で疲弊していた日本経済をいわゆる高度成長の軌道に乗せ、私たち日本人のライフスタイルに大きな変革をもたらしました。総じて生活が豊かになり、54年＝電気冷蔵庫・洗濯機・テレビの「三種の神器」、57年＝原子力発電、58年＝スーパーマーケット、59年＝コピー機、64年＝東京オリンピックに合わせて新幹線、65年＝カー・カラーテレビ・クーラーの「３C時代」、68年＝レトルト食品、70年＝ファミリーレストラン…と、加速度的に便利で快適な社会が築かれ、人口の都市集中とともに核家族化が進み、広場のテレビが茶の間に、さらには個室に置かれるようになったことに象徴される、マスメディアの普及が人々の生活や価値観に大きな変化をもたらしました。

その一方で、高度経済成長が生み出した、ゆがみやほころびも積み重なって、公害、健康被害、落ちこぼれ、子どもの生きる力の衰退も見え隠れし始めました。そして、73年10月、OPEC（オペック＝石油輸出機構）の原油価格の引き上げ発表をきっかけにオイルショックが世界を駆け巡り、我が国ではトイレットペーパー・洗剤・砂糖の買い占めで一時全国が騒然となりました。

この出来事によって高度経済成長の限界を知り、大量消費システムの便利な使い捨て生活の夢から覚めた心ある人々が、歪みからの脱却とほころびの是正に取り組み始めたのが、1970年代でした。

『おしいれのぼうけん』（童心社）などの作品で、今なお子どもたちに読み継がれている児童文学者の古田足日（1927‐2014）は、1982年に発表した論文で、当時（1960‐70年代）の子どもの文化が直面していた困難な状況を「今はかつての文化が力を失い、新しい文化がまだなおあきらかでない、文化の変動期である」とし、これまでの、たとえば劇場運動、読書運動、生活教育運動などを断片的な試みに終わらせないために、子どものよりよい発達を軸とした、対症療法ではない文化を体系的に創造することを提言しています。

それから30年余、子どもの文化を巡る状況はさらにめまぐるしく変容し、子どもの貧困に象徴される多くの困難が深刻化していますが、この間、そうした負の流れをせき止め、新しい文化を生み出そうとする試みも地道に続けられてきました。

子どもの生きる力の復権をめざして―私的回顧を交えながら

1970年、私は37歳。8歳と3歳の2人の娘の子育ての真っ盛りで、大学を出て6年間勤めたTBSを退職し、主に子どもや青少年を対象としたフリーランサーの文筆家として、NHKや小学館や講談社などで、作詩、絵本、童話、教育評論、ラジオ・テレビの企画構成、リポーター、司会者など、子どもの教育、文化にかかわる仕事に幅広い興味と関心を持って取り組んでいました。

TBS在職中に取材で訪れたユネスコの実験校だった和光学園の生活教育に共感した私は、二人の娘を同学園の小学校と幼稚園に通わせるため、孔子の孟母三遷の教えに習い、世田谷に転居してきたことで、丸木正臣校長を始め、後に子どもの文化運動でともに活動することになる多くの友人と知り合うことになりました。

その一人が、木のおもちゃデザイナーの寺内定夫氏でした。当時、氏は、子どもの筆箱から肥後守（片刃の小刀）が危険であるという理由で追放され、代わって鉛筆削りが使われるようになったことにより、「子どもの手が虫歯になる」と、昔から生活の中に組み込まれてきた手仕事が便利さ・安全第一を謳う新しい機器に置き換えられることで、子どもが失うものがいかに大きいか警告を発して注目を集めていました。NHKの取材でお宅に伺い、和光の親和会（親・子・教師の会）仲間であることもあって、すっかり意気投合し、問題意識を共有する子ども文化研究家の上笙一郎氏、共同通信社文化部記者の上田融氏、和光学園の若い教師森下一期、宮津濃両氏などと1974年「子どもの遊びと手の労働研究会」を立ち上げました。この研究会は、全国の小中学校の図工担当の教師のみなさんの関心と共感を呼び、大会ごとに圧倒的多数の教師の参加者を集めるに至ったため、話し合いの結果、子どもの文化関係者と親が退会し、新たな研究会を発足させることになりました。

寺内定夫、上笙一郎、片岡輝、大村虔一、上田融、桜井美紀、市村久子、田中周子の8人が準備会に参加し、子どもの文化の現状分析・問題意識の共有から始め、運動の理念・目標・活動方針について一年をかけて話し合いを重ね、1976年に「子どもとつくる生活文化研究会」（略称＝生活研）が誕生しました。神楽坂の現・赤城生涯学習館を会場に、研究会やワークショップを開催し、多くの参加者（親・教師・保育者・研究者・時に子どもも）を集めました。

忘れられないワークショップの一つに「牛の心臓を解剖し、いのちの仕組みを学ぶ」があります。お名前を失念しましたが、確か、埼玉大学の生物学の講師による執刀でした。教科書からは学ぶことのできない臓器内部の色や形、血液の生々しい匂いが今も記憶に焼き付いています。こうした活動の情報は、会誌「宝さがし」や会報を通して各地の会員に届けられ、発足から2年後の1978年には、北は岩手から南は沖縄までの338人を数えるにいたりました。

この間、清川輝基氏（福岡子ども劇場運動の発起人の一人で後にチャイルドラインを設立）、児玉勇二氏（子どもの権利擁護の弁護士）、などが世話人として加わっています。メンバーが共有していた危機感は、保育・教育・家庭・地域が高度経済成長を支える基盤と化し、効率化第一の知識詰め込み式教育が遊ぶ力・考える力・集中力などの生きる力を奪い、子どもの成長発達を歪めていることと、憲法・教育基本法・児童福祉法などで保障されている一人の人間としての権利がおろそかにされている実態でした。活動が目指していたのは、子どもの生きる力の復権でした。

個別の実践から運動へ

当初、情報交流と勉強会が中心だった初期の活動は、2年目に入って、子どもの文化の各領域から参加している世話人が会員に「この指とまれ」と呼びかけ、参加者を募って実践活動を展開することになり、寺内氏は手作りおもちゃを使った親子の絆を深める遊びと、子どもの成長記録の集積活動、美術教師集団への働きかけ、桜井氏と上氏と私が肉声での語りで親子・世代間の心をつなぎ、伝承されてきた生きる知恵を伝える「語り手たちの会」の活動、田中氏が子どもが愛用し、さまざまな思い出がしみ込んだセーターをリサイクルしてつくる「セーター人形」活動、私が当時俗悪文化と批判が高かった子どものテレビの改善をエビデンスに基づいて市民の立場から提言する「子どものテレビの会」（Forum for Children's Television）運動に取り組むことになりました。

１９７７年からは自然豊かな八王子の大学セミナーハウスに会場を移し、７〜９月の全２日間、泊まり込みの「全国大会」を開催し、毎年、テーマを設定して早朝から深夜までセミナー・ワークショップ・分科会・交流会を実施しました。それぞれの現場で直面している子どもを取り巻く厳しい現状を各地から持ち寄り、それらを克服しつつ、「生きる力を子どもたちに」手渡すには今何に取り組むべきかを語り合い、最新の専門的な情報を交換し、学び合いながら方法論と実践の技量を磨き合う中で、運動の次世代への伝承を図りました。

この時期には、男性保育者の先駆者である湯浅とんぼ氏を初め、中川ひろたか氏、新沢としひこ氏、「たにぞう」こと谷口国博氏、島本一夫氏、横浜市でユニークな無認可施設「りんごの木」を地域の親と力を合わせて作った柴田愛子氏、市川正美氏といったそうそうたる若手のほか、『小児病棟の子どもたち』（晶文社・１９８１）や『がんばれ、風太』（フレーベル館・１９８３）など弱者に視点を当てたルポルタージュを数多く発表している向井承子氏、『フィリッピーナを愛した男たち』（大宅壮一ノンフィクション賞）、自ら子連れ炊事係として働いたサーカス一座の生活を描いた『サーカス村の裏通り』（ＪＩＣＣ出版）など、多様な人生を綴ったノンフィクションを発表した久田恵氏が参加しています。

また、私個人が関わった活動としては、国際児童年（1979年）に、小児科医の毛利子来氏、教育評論家の斎藤次郎氏、市村久子氏、中国哲学者の新島淳良氏などの大人と若者たちとともに「人間になろう！16億と連帯する会議」を作り、子どもたちの声や大人からのメッセージを集め、世界の16億の子どもたちに人権回復へ立ち上がることを呼びかける『16億の小さな囚人たち』（ドメス出版）を出版し、当時社会的な関心を集めていた中高生の「制服」強制反対運動にエールを送るなど、子どもの権利について子ども自身が声を上げることを提言しました。

同じ頃、毛利子来氏、児童文学者の佐野美津男氏、小児精神医学者の渡辺久子氏らと「子ども研究会」を月例で開いていたことも忘れられません。領域を超えて子どもを多面的に理解しようという熱気と、遊びをはじめとする子どもの生活領域までが、利益追求の対象となってやせ細り、商業主義の汚染が広がりつつある現実に楔を打ち、肉声や互いの手のぬくもりが通い合う手作り文化を復権させ、人間性を育む発達環境を保障しようとする願いが子ども関係者に熱く脈打っていました。

子どもの文化運動の現状と明日

このように「生活研」には、後日、子どもの文化の各領域で中心的な役割を担うことになる若手の参加が得られた一方で、第一世代と呼ばれる発足当初のメンバーは、子育ても終わりに近づき、実際に子育てに忙しい団塊の世代の親たちが一向に無関心であることに心を傷めていました。団塊の世代は、１９４７～49年の第一次ベビーブームに生まれ、大学生時代にビートルズの洗礼を受けた世代で、集団活動よりも個人や家庭生活を重視するマインドを持ち、子どもの文化運動へのかかわりが希薄で、文化運動や社会活動は軒並み苦戦を強いられてきました。この傾向にさらに拍車をかけたのが、都市化による核家族化と地域の喪失でした。この社会基盤の地殻変動がもたらしたライフスタイルとメンタリティの変容は、とどまることを知らない資本や経済活動のさらなるグローバル化によって、21世紀に入っても深まりこそすれ、改善へ向かう兆しは見えず、少子高齢化への不安と貧困と格差による分断がより深刻化する中で、子どもの幸せに結びつく家計支出が一層厳しさを増し、個人の努力では突き崩せない大きな壁を前にして、文化運動の必要性と期待感が高まっています。

子どものよりよい発達に求められるのは、豊かな自然と心の通い合う暖かい人間関係が息づく生活環境であり、生活の基盤である家庭と地域です。すでにこのことに気付いた子どもの文化にかかわる人々が、分断と孤立を進めようとする時代の流れに抗して、一人一人の主体的な意思を持つ個人が共通の問題意識の下に集まってボランタリー精神に基づくゆるやかな組織を作って、顔の見える人間関係に根ざした地域づくり・地域文化や人材などの資源の掘り起こし・子どもの参画・子どもの権利の擁護・創造性を育むものづくり・多世代交流・異文化交流・農業体験・障がい児（者）との共生、貧困家庭の子どもへの学習支援や食事を提供する子ども食堂…などなど、領域を超えた新しいコンセプト・理念・組織・活動スタイルを持つ幅広い文化運動をグローカル（グローバル×ローカル）に展開して成果を挙げつつあります。その多くが法人格を持つＮＰＯ法人（特定非営利活動法人）であることが時代の移り変わりを雄弁に物語っています。ＮＰＯは、法に則り、理事会が事業計画と予算案を策定し、総会の承認を経て活動し、年度毎に活動成果を事業報告と決算案にまとめ、監事の監査を受けた後、総会での承認を得、所轄官庁に報告する義務を負っており、ガラス張りの運営と、継続的な活動が求められています。理念と目的を実行に移す計画性と実行力を備えた運動体による実践が、公的な支援が届かない厳しい環境に置かれている子どもの困難を支えている現実を忘れてはなりません。

ノスタルジックな復古主義ではなく

戦後の民主主義が営々と築き上げてきた福祉政策が自己責任・自助努力といったスローガンの下になし崩しにされ、その余波が子どもの生活にも及んでいるだけでなく、民主主義教育の基盤、教育基本法の改正では、「公共の精神」「伝統」「道徳心」「勤労を重んじる態度」「郷土愛」などの解釈によっては国策による教育への介入を可能にするキーワードが並び、既に教科書検定、指導要領など、国による教員への締め付けが厳しくなっています。新しい保育指針には保育所への国歌・国旗の押し付けになりかねない記載もあり、右傾化が進む政治情勢と連動しての戦前を彷彿させる復古主義的な動きが盛んです。

こうした動きは、経済的困難、家庭と地域の崩壊による生活の乱れ、社会的な規範からの逸脱、学習からの逃避、いじめ、暴力、コミュニケーション不全、引きこもり、自己肯定感の欠如…などの問題行動を手っ取り早く権威と公権力によって解決してほしいという一部の考えと呼応しています。

いつか来た道という既視感のある復古主義の対極にある新しい考えや取り組みも盛んです。イギリスのジャーナリスト、ジュリアン・テットは、知識や経験が豊富な大人が縦割りのサイロ型高度専門化システムに縛られて革新のチャンスを失うのに対して、社会化の途上にある子どもはしがらみに縛られることなく自由に境界を超えることが出来ると述べています。(『サイロエフェクト―高度専門化の罠』文芸春秋)

社会学者の水越伸東大教授は、文化の変容は、テクノロジーの革新と時代のニーズに応える技術開発・調査研究の相互作用によって進められてきたが、子どもは「境界の越境者、領域の侵犯者としてなにものにもとらわれない自由な発想と行動によって大人を挑発し、アクセレーター（促進役）としての役割を担う当事者・大人のパートナーとして参画・参加する中で社会化の実現を目指して来た」として、社会での子どもの立ち位置も従来の子ども像から大きく変わり、「育てられる」から「育つ」主体へと変わってきていると指摘しています。（『メディアと情報化の社会学』岩波書店）

スマホ・タブレット・パソコンなどのＩＴ機器を手探りで自在に使いこなしている子どもの姿に、過度なのめりこみやネットいじめや個人情報の流失による被害などの試行錯誤を経験しながら情報のリテラシーを身につけ、やがて新しい文化を生み出す主体に育って行く豊かな可能性を見る思いがします。「子どもの成長とは文化の獲得、内面化、個人化である」とした古田氏の言葉を反芻しながら、新しい感性を支える子どもの文化運動の在り方を「サイロの罠」にとらわれることなくグローカルな視座に立って模索していきたいものです。

また、多様化するニーズに応えてとかく縦割りになりがちな文化運動の宿命を超えて、子どもの成長を時間軸とし、生活に根ざした横断的・多層的な運動の協働で切れ目のない支援のロードマップを作ることもまだ手付かずの大きな課題です。

以上、私的な回顧を交えてのこの原稿を書き進めながら確信できたことは、いつの時代にあっても子どもは希望であり、その希望の灯をともし続けようとする大人が存在し、古田氏の期待する『子どものよりよい発達』の実現に取り組む努力を積み重ねているという明るく力強い事実です。

（2017．7＋8　子どもたちに未来を生き抜く力と文化を手渡すために）

第4章

詩集

片岡先生はおおよそ300曲もの詩を創られ、
その中から20曲を選びました。

ひとつの朝
わが里程標（マイルストーン）
この愛を
遠く吹く風
遥かな時の彼方へと
予感
はるかに蝶は
ぼくの海
グリーン・グリーン
勇気一つを友にして
いま地球がめざめる
幸せの予感
カンタカナリート～風よりもかろやかに～
６ちゃんがねころんで
黄色い自転車
さあみんなで
とんでったバナナ
それゆけバンバン
おばけになろう
ぼくのクレヨン

カット　新田みあ

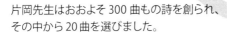

ひとつの朝

作詞　片岡　輝　　作曲　平吉毅州
第45回１９７８年（昭和53年）度　ＮＨＫ全国学校音楽コンクール高等学校の部課題曲

いま　目の前に ひとつの朝
まぶしい光の洪水に
世界が　沈まないうちに
さあ 箱船にのって　旅立とう
あのノアたちのように　旅立とう

たとえば　涙に　別れること
たとえば　勇気と　知り合うこと
たとえば　愛を　語ること
ときには 孤独と　向きあうこと
旅立ちは 旅立ちは 旅立ちは
いくつもの出会い

いま　目の前に　ひとつの海
さかまく怒濤の攻撃に
船が　砕けないうちに
さあ 両腕を翼に　とび立とう
あの鳥たちのように とび立とう

はばたけ　明日へ　まだ見ぬ　大地へ
新しい大地へ　まだ見ぬ　新しい大地へ
生きる喜びを　生きる喜びを
広がる 自由を求めて
広がる 自由を求めて

わが里程標（マイルストーン）

作詞　片岡　輝　　作曲　平吉毅州
第48回・第54回１９８１年／１９８７年（昭和56年／62年）度　ＮＨＫ全国学校音楽コンクール高等学校の部課題曲

時を追いかけ 駆けて行けば
光る街角で出会う　まぶしい愛
生きるよろこびを　心にこめて
石に積もう　石に積もう
それは青春の日々の 里程標

時に抗い立ち止れば
闇の沈黙に深まる 永遠の謎
生きるのぞみさえ 見失って 悩み惑う
それは　それは　それは
青春の日々の迷い路

けれどふたたび 陽はのぼり
行く手に並ぶ 里程標を照し出す
それは　先に歩いて行った人々の
勇気のあかし
さあ一歩をふみ出して さあ　さあ
あしたに石を積もう
あしたに石を積もう
小さな　小さな 小さな石を積もう

この愛を

作詞　片岡輝　　作曲　髙嶋みどり
第57回１９９０年（平成2年）度　ＮＨＫ全国学校音楽コンクール高等学校の部課題曲

きらめく樹氷のように

結晶となる愛があれば
凍てついた大地に
こごえる子どもたちと
ぬくもりを分かちあえる
ぬくもりを分かちあえる

清らな泉のように
わきいづる　愛があれば
やすらぎと　笑顔を知らない
子どもたちと
よろこびを分かちあえる
よろこびを

たゆたう満月のように
満ち満ちた愛があれば
暗闇にさまよい
おびえる　子どもたちと
あこがれを分かちあえる
あこがれを

いまはまだ
小さなこの愛よ
あした大きく育ち
あまねく世界へ

はばたいて行け
この愛よ　世界へ
あした大きく育ち
あまねく世界へ
はばたいて行け

遠く吹く風

作詞　県多乃梨子　作詞補佐　片岡輝
作曲　黒澤吉徳
第60回　1993年（平成5年）度
NHK全国学校音楽コンクール高等学校の部課題曲

東のかなた　西の果て
言葉も違う　国も違う

あなたが目覚める　この日

ナイロビ　最高気温二七・二度
ホノルル　雨の降る確率八％
ジェノバ　南の風　快晴
モスクワ　平均気温十七・六
カトマンズ　一日を通し　雨

南のはるか　北の果て
名前も違う　顔も違う
あなたが微笑む　この日

ロンドン　日没時間　午後八時過ぎ
マナウス　西の風　風速六メートル
タイペイ　所により　夕立ち
シドニー　最低気温五・四度
バグダッド　穏やかな日ざし　晴れ

雨の降る確率は
ゼロか百ならいいね
はっきりしない天気は　イヤだから

私は晴れの日に
いつもワクワクする

あなたはたぶん雨が好き

住む所　感じる心は違っても
生きている時間は同じ
あなたが仰ぐ虹は何色だろう
夕焼けは　夜空は　星は
私の思いをのせて
風は吹く　遠く　世界中へ
あなたへ

遥かな時の彼方へと

作詞　片岡輝　作曲　髙嶋みどり
第62回　1995年（平成7年）度 NHK全国学校音楽コンクール中学校の部課題曲

わき立つ若さのさなかふと耳をすませば
心の中を吹き抜けてゆく風の声
やさしく愛を育てているか
理想を高くかかげているか

静かに星を仰ぎふと瞼とじれば
瞳の奥に拡がってゆく海の闇
夜明けの沖を目指しているか
未知なる宇宙旅しているか

遙か遙か
遥かな時の彼方から彼方へと
脈打つ生命受けついで
君もぼくも
あなたも私も
生きて生きて生きる

いまを力のかぎり
歓び　悲しみ
涙　汗
いまを力のかぎり
生きて生きる
生きている証を
さしこむ光が照らし出すときまで

生きて生きて
生きる

予感

作詞　片岡　輝　作曲　大熊崇子
第69回２００２年（平成14年）度　NHK全国学校音楽コンクール中学校の部課題曲

心の中にひとつの予感
影をなす不安と焦りのかなたに
光あふれる美しい世界が広がる

いま乾き切った大地に
一本の苗を植えよう
希望と愛を託して
一本の苗を育てよう
心まで干涸びさせてはいけない
若くしなやかな力を
失ってはいけない
明日は私たちの
手の中にあるのだから

心の中でふくらむ予感
迫り来る試練と嵐のかなたに
緑さやかな安らぎの世界が広がる

いま勇気を持って大地に
一杯の水を注ごう
平和と夢を平和と夢を
託して一杯の水を
汲み出そう

はるかに蝶は

作詞　片岡　輝　作曲　小川寛興
昭和46年4月～5月「NHKみんなのうた」
歌　由紀さおり

（一）はるかな海の　かなたから
　　春をひらひら　舞いながら
　渡ってくると　人のいう
　　まぼろしの蝶を　しらないか

（二）かすかにひかる　地平線
　　まだ見ぬ国を　夢みつつ
　嵐にたえて　けなげにも
　　かよわい蝶は　夜をとぶ

（三）ある朝蝶は　陸をみる
　　いのちのかぎり　はばたいて
　春の香りを　まきながら
　　しずかに蝶は　虹となる
　そのとき大地　花ひらき
　　よみがえる　よみがえる
まぼろしの蝶は
よみがえる

ぼくの海

作詞　片岡輝　作曲　いずみたく
編曲　中谷勝昭
昭和45年10月～11月「NHKみんなのうた」
歌　佐良直美

まだ明けやまぬ　砂浜に
やさしく招く　海がある
ボートをうかべ　ぼくは漕ぐ
空と海とが　まざりあい
一つにとける　ところまで

怒涛さかまく　大岩に
はげしく叫ぶ　海を見る
しぶきを浴びて　ぼくは立つ
陸と海とが　せめぎあい
相手をたおす　時はいつ

月影ぬれる　磯づたい
静かにうたう　海を知る
貝を数えて　ぼくは待つ
夜と海とが　愛しあい
あしたに夢を　えがくまで
ぼくの心に　揺れる海

グリーン・グリーン

作詞：片岡輝　Barry Brian Mcguire・Randy Sparks　編曲　小森昭宏

昭和42年5月「NHKみんなのうた」
歌　杉並児童合唱団

ある日 パパとふたりで
語り合ったさ
この世に生きるよろこび
そして 悲しみのことを
グリーン グリーン
青空には ことりがうたい
グリーングリーン
丘の上には ララ 緑がもえる

その時 パパがいったさ
ぼくを胸に抱き
つらく悲しい時にも
ラララ 泣くんじゃないと
グリーン グリーン
青空には そよ風ふいて
グリーン グリーン
丘の上には ララ 緑がゆれる

ある朝 ぼくは目覚めて
そして知ったさ
この世につらい
悲しいことがあるってことを
グリーン グリーン
青空には 雲がはしり
グリーン グリーン
丘の上には ララ 緑がさわぐ

あの時パパと
約束したことを守った
こぶしをかため
胸をはりラララ　ぼくは立ってた
グリーン グリーン
まぶたには 涙あふれ
グリーン グリーン
丘の上には ララ 緑もぬれる

その朝 パパは出かけた
遠い旅路へ
二度と帰ってこないと
ラララ ぼくにもわかった
グリーン グリーン
青空には 虹がかかり
グリーン グリーン
丘の上には ララ 緑がはえる

やがて月日が過ぎゆき
ぼくは知るだろう
パパの言ってたことばの
ラララ ほんとの意味を
グリーン グリーン
青空には 太陽笑い
グリーン グリーン
丘の上には ララ 緑があざやか

いつかぼくも子どもと
語りあうだろう
この世に生きるよろこび
そして 悲しみのことを
グリーン グリーン
青空には かすみたなびき
グリーン グリーン
丘の上には ララ 緑がひろがる

グリーン グリーン
青空には かすみたなびき
グリーン グリーン
丘の上には ララ 緑がひろがる

緑がひろがる

緑がひろがる
緑がひろがる

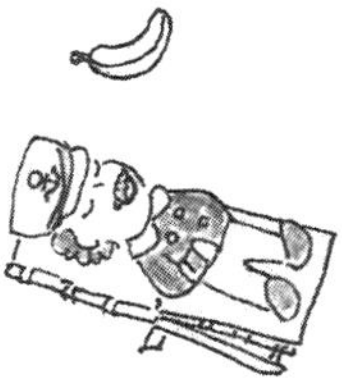

勇気一つを友にして

作詞　片岡輝　　作曲　越部信義
昭和50年10月～11月「NHKみんなのうた」
歌　山田美也子

昔ギリシャのイカロスは
ロウでかためた鳥の羽根
両手に持って飛びたった
雲より高くまだ遠く
勇気一つを友にして

丘はぐんぐん遠ざかり
下に広がる青い海
両手の羽根をはばたかせ
太陽めざし飛んで行く
勇気一つを友にして

赤く燃えたつ太陽に
ロウでかためた鳥の羽根
みるみるとけて舞い散った
翼うばわれイカロスは
墜ちて生命を失った

だけどぼくらはイカロスの
鉄の勇気をうけついで
明日へ向かい飛びたった
ぼくらは強く生きて行く
勇気一つを友にして

いま地球がめざめる

作詞　片岡輝　　作曲　池辺晋一郎
編曲　池辺晋一郎
『未来少年コナン』オープニングテーマ
歌　鎌田直純、山路ゆう子

海は あおく眠り
大地に生命 芽生え
そして空がそして空が
あしたを夢みて
ほら生まれ変わった地球が
目覚めの朝を 迎える

泳げ 波けたて
走れ 土をけり

こんなに地球が好きだから
こんなに夜明けが 美しいから

朝の光あびて
出会った生命ふたつ
そして愛がそして愛が
心にめばえて
ほら生まれ変わったふたりが
のぞみの朝を迎える

歌え 声あわせ
おどれ かたをくみ

こんなに地球が好きだから

こんなに夜明けが 美しいから
怒れ 足をふみ
笑え 手をたたき

こんなに地球が好きだから
こんなに夜明けが 美しいから

幸せの予感

作詞　片岡輝　作曲　池辺晋一郎
編曲　池辺晋一郎
『未来少年コナン』エンディングテーマ
昭和53年8月〜9月「NHKみんなのうた」
歌　鎌田直純　山路ゆう子

こころがこんなにふるえるのは　なぜ
両手が空へのびてゆくのは　なぜ
両足が土をけって走るのは　なぜ
生きているから
明日（あした）があるから
地球がまわっているから

こころはとらえる　しあわせの予感
両手はつかむ　ふくらみゆく希望
両足はかけてゆく　はるかな地平
生きているから　明日があるから
地球がまわっているから

こころがいたむときだって　あるさ
両手が力なくすときも　あるさ
両足が道に迷うことだって　あるさ

だけどかならず　あしたはやってくる
地球がまわっているから
だけどかならず　あしたはやってくる
地球がまわっているから

カンタカナリート
〜風よりもかろやかに〜

作詞　片岡輝　ダンテ・パンツーティ
作曲　ヴィルジリオ・パンツーティ
編曲　横山菁児
昭和47年4月〜5月「NHKみんなのうた」
歌　ザ・ピーナッツ

わたしのかわいい　まきげのカナリヤ
美しい声でうたう　オー
光とたわむれながら
歌は喜びをのせてひろがるよ
遠くはるかな窓辺へ　オー
人の心に愛をともして

カンタ　カンタ　カナリート
風よりもかろやかに
カンタ　カンタ　カナリート
春のたより　うたう

どこからきたのか　まきげのカナリヤ
すばらしい声でうたう　オー

つぼみとたわむれながら
春は歌声にのってひろがるよ
野こえ山こえかなたへ　オー
とわにかわらぬ愛をとどけて

カンタ　カンタ　カナリート
花よりも香りたかく
カンタ　カンタ　カナリート
春のたよりうたう

カンタ　カンタ　カナリート
喜びも高らかに
ラララ

6ちゃんがねころんで

作詞　片岡輝　作曲　越部信義
昭和53年12月～54年1月「ＮＨＫみんなのうた」
歌　熊倉一雄

6ちゃんが　ねころんで
3月3日に　ふねこいで
丸かいて　チョン　丸かいて　チョン
お風呂に入って
星二つ
たてたて　よこよこ　丸かいて　チョン
たてたて　よこよこ　丸かいて　チョン
ハガキが2枚ありまして
たてたて　よこよこ　クリームパン
たてたて　よこよこ　クリームパン
お空に大きな月がでて
いたずら坊やになりました

へのへのもへじ　へのへのもへじ
へのへのもへじのらくがきが
あっというまに
「きょうりゅうだ！」
「ガォー！」
「にげろ！」

お山が二つありました
川が流れておりまして
小さなお山に　豆一つ
だんだんばたけに
ごぼうが　四本
すべって　ホイ
ころんで　ホイ
大きな魚になりました
「さようならー！」

黄色い自転車

作詞　中井閏子　補作詞　片岡輝
作曲　中井閏子
昭和60年2月～3月「ＮＨＫみんなのうた」
歌　藤澤俊春（東京放送児童合唱団）

トワちゃんのおさがり
ピンクの自転車
ピカピカうれしいな
でもぼく男の子
ほんとはちょっぴりはずかしい
青にぬろうかな
ミドリがにあうかな
やっぱり大好きな
黄色にきめたんだ

日曜の朝から
ベタベタぬりかえ
小さなペンキ屋さん
でも黄色がたりなくて
あちこちピンクがのぞいてる
なんとか出来上がり
いばってためし乗り
安全運転
右みて左みて

さびさびハンドル
はげちょろけの自転車
お庭で雨ざらし
でももう一度だけ
走らせてみたいな
ライダー気取りで
昔へとばしたら
なつかしいあの日に
かえっていけるかな

さあみんなで

作詞　J．レノン　P．マッカートニー
訳詞　片岡輝
作曲　J．レノン　P．マッカートニー
作曲　越部信義
昭和48年12月～49年1月「NHKみんなのうた」
歌　ヤング101　坂本児童合唱団

ワン　ツー　スリー　フォー
ちょっぴりきどって　数えましょ
ファイブ　シックス　セブン
エイト　ナイン　テン　その調子
A　B　C　D
アルファベットは二十六
E　F　G　H　I　J　まだ続く
ボン　ボン　ボン　ボンバボン
どこかの　ボンバボン
街角で　ボンバボン
友だちを　ボンバボン　みつけよう

手をふれば
すぐわかる
すばらしい
仲間たち

ブラック　ホワイト
グリーン　レッド
あなたが好きなのどんな色
ピンク　ブラウン
イエロー　オレンジ　アンド　ブルー
おに合いよ
ハウ　ドゥ　ユー　ドゥ
英語でアタックしてみよう
アイム　ファイン
サンキュー　アンジュー
お手あげだ
ボン　ボン　ボン　ボンバボン
地球の　ボンバボン
どこかで　ボンバボン
何かが　ボンバボン　生まれてる

手をふれば
すぐできる

すばらしい
仲間たち

ボン　ボン　ボン　ボンバボン
地球の　ボンバボン
どこかで　ボンバボン
何かが　ボンバボン　生まれてる

手をふれば
すぐできる
すばらしい
仲間たち

とんでったバナナ

作詞　片岡輝　　作曲　櫻井順

バナナが　いっぽん　ありました
あおい　みなみの　そらのした
こどもが　ふたりで　とりやっこ
バナナは　ツルンと　とんでった
バナナは　どこへ　いったかな

バナナン　バナナン　バナナ

ことりが　いちわ　おりました
やしの　こかげの　すのなかで
おそらを　みあげた　そのときに
バナナが　ツルンと　とびこんだ
はねも　ないのに　ふんわりこ
バナナン　バナナン　バナナ
きみは　いったい　だれなのさ
ことりが　バナナを　つつきます
これは　たいへん　いちだいじ
バナナが　ツルンと　にげだした
たべられちゃうなんて　いやなこった

バナナン　バナナン　バナナ

ワニが　いっぴき　おりました
しろい　しぶきの　すなはまで
おどりを　おどって　おりますと
バナナが　ツルンと　とんできた
おひさま　ニコニコ　いいてんき
バナナン　バナナン　バナナ
ワニと　バナナが　おどります
ポンポコ　ツルリン　ポンツルリ
あんまり　ちょうしに　のりすぎて
バナナは　ツルンと　とんでった
バナナは　どこへ　いったかな
バナナン　バナナン　バナナ

おふねが　いっそう　うかんでた
おひげ　はやした　せんちょうさん
グーグー　おひるね　いいきもち
おくちを　ポカンと　あけてたら
バナナが　スポンと　とびこんだ
モグモグモグモグ　たべちゃった
たべちゃった　たべちゃった

それゆけバンバン

作詞　片岡輝　　作曲　和田昭治
編曲　和田昭治
発売日　２００６年６月28日

それゆけバンバン　それゆけバンバン
バンバンバンバン　バンバン

いっちゃんちのにいちゃんが
三がいだてのビルたてた
四ちょうめのごろちゃんは
六かいだてのビルたてた
ななちゃんちのはっちゃんは
九かいだてのビルたてた
どこかのまちのだれかさん
十かいだてのビルたてた
それゆけバンバン　それゆけバンバン
バンバンバンバン　バンバン
チッチッチッ　チーン
イッチク　タッチク　まもなくおひる
ペコペコ　グーグー　おなかがすいた
きょうのべんとうおかずはなーに？
チッチッチッ　チーン　ほらほらもうい
ちど
チッチッチッ　チーン
それゆけバンバン　それゆけバンバン
バンバンバンバン　バンバン
つながろう　ヤァ　つながろう　ヤァ
つながったらしゅっぱつだ
ゴトンコゴトンコ
きしゃがゆく（ポッポー）
シュッシュッポッポ
シュッシュッポッポッポ
トンネルだ（ポッポー）
ダンダゴットン　ダンダゴットン
てっきょうわたり
チンチンチン　チンチンチンチンチン
ふみきりつうか
あ、あぶない　とまれ！

とおせんぼ　とおせんぼ
ここはおいらのほそみちじゃ
ものまねせぬもの
とおしゃせぬ　サーサーサー

ピョンピョンピョンピョンピョン
うさぎがピョン
ピョンピョンピョンピョン
ジャンプをしたら　おはながさいた
ヒラヒラヒラリ　ちょうちょがヒラヒラ
ヒラヒラヒラリ
おどっていたら　あおいうみみえた
ザンブラザンブラ　いるかがザップーン
もぐってみたらさんごがしろい
それゆけバンバン　それゆけバンバン
バンバンバンバン　バンバン
インディアンはつよい
ドンド　トット　ドット　ドッド
インディアンははしる　このたにわたり
（アワワワワ……）
あのやまこえろ
なんださか　こんださか
へいきのへいざ　ああくたびれた
ふんにゃり　ふにゃふにゃ
ちからがぬけて
くんにゃり　くにゃくにゃ
こんにゃくだ
オーイ　ガンバッテー　ウォー
バンババンバ　ガンバロー
バンバンのきが　もうすぐだ

いっとうしょうは　だれだろう
びりとうしょうは　だれでしょう
それゆけバンバン　バンバン……

おばけになろう

作詞　片岡輝　　作曲　越部信義
編曲　越部信義
発売日　２０２１年９月８日
歌　小牧まり

おばけになろう　おばけになれば
こわいものなしさ
ズビズビズビズバダ

くらいとこだってさ
さびしいとこだってさ
おばけになれば　へいきのへいざさ
おばけになろう　おばけになれば
そらだってとべるぞ
ズビズビズビズバダ

うみのそこだってさ
かべのなかだってさ
おばけになれば
どこだっていけるんだぞ
おばけになろう　おばけになろう
こいつはゆかいだ

ぼくのクレヨン

作詞　片岡輝　　作曲　佐藤真

ぼくのクレヨン　十二しょく

おひさまは　あか　そらは　あお
チューリップ　きいろ
おてんきの　いいひに
ねずみいろの　ロケット
そらへむかって　とびだした
のりくむ　ぼくの　ほっぺは　ピンク
てをふる　ママは　たちまち　まめつぶ
まめつぶは　きみどり

おやまは　ちゃいろ　くもは　しろ
ちきゅうは　みどり
にじの　はしを　こえて
ねずみいろの　ロケット
うえへ　うえへと　とんでゆく
ふきだす　ひばなは　むらさきいろだ
めざす　あのほし　まだまだ　とおい
ほしのいろ　オレンジ

ねずみいろの　ロケット　はやいぞ　はやい
だけど　うちゅうは
ひろいぞ　ひろい
ひろい　うちゅうに　よるがくる
よるは　まっくら　くろい　いろ
ぼくのクレヨン　十二しょく

［著者紹介］

片岡　輝（かたおか　ひかる）

1933年、中国大連市に生まれ、少年期を北京市で過ごす。第二次世界大戦の混乱期に帰国、自己形成の原点に民主主義教育と読書がある。慶應義塾大学法学部を卒業。1957年、ラジオ東京（現TBS）に入社。1963年に退社し、執筆活動に入る。幼児から成人までを対象とし、子ども・親・女性の側に立つ作品（詩・児童文学・絵本）を多数発表した他、1985年のつくば科学万博を手始めに大阪の花の万博、北九州のスペースワールド等の企画・演出に参画。その頃、欧米・アジア諸国で激動する教育・福祉に接し、子どもの権利・女性・障がい者の社会参画への目を培う。1999年、東京家政大学教授、2002年、同学長に就任、2008年退任まで子育て支援・大学と地域の協働に取り組む。

現在、東京家政大学名誉教授、一般財団文民教育協会理事長、子どもの文化研究所所長、NPO法人語り手たちの会理事長。

［主な作品］

作詩「とんでったバナナ」「グリーングリーン」「勇気一つを友にして」「いま地球が目覚める」（未来少年コナン主題歌）等。絵本「ほんとは」「どうして」「力太郎」等。童話「わすれん星へいった月」等。著作「日本人と感性」「挑発としての音楽」「性や死について話そう」「語り、その豊饒な世界」「人はなぜ語るのか」等、多数。

あしたへ伝えたいこと 6 **文化をつくる**

2025年3月29日　初版発行

著　者　片岡　輝
発　行　一般財団法人文民教育協会　子どもの文化研究所
〒171-0031　東京都豊島区目白3-2-9
Tel : 03-3951-0151　Fax : 03-3951-0152
メールアドレス : info@kodomonobunnka.or.jp
発　売　一般財団法人文民教育協会　子どもの文化研究所
発行人　片岡　輝
印　刷　株式会社　光陽メディア
表紙デザイン・本文組版　椙澤清次郎（アド・ハウス）
表紙画　おかのけいこ

ISBN978-4-906074-07-5